Čínska kuchyňa

Objavte tradičné recepty a techniky varenia

Liang Zhang

Obsah

Kuracie so slaninou 10
Hranolky s kuracím mäsom a banánom 11
Kuracie mäso so zázvorom a hubami 12
Kuracie mäso a šunka 14
Grilované kuracie pečienky 15
Krabie guľôčky s vodnými gaštanmi 16
dim sum 17
Šunkové a kuracie rolky 18
Rotácia pečenej šunky 19
Pseudo údená ryba 20
Plnené huby 22
Huby s ustricovou omáčkou 23
Bravčové a šalátové rolky 24
Bravčové a gaštanové fašírky 26
vepřo knedlo 27
Krevety s liči omáčkou 29
Vyprážané krevety s mandarínkou 31
Krevety s Mangetoutom 32
Krevety s čínskymi hubami 34
Krevety a hrášok orestujeme 34
Krevety s mangovým chutney 35
Pekingské krevety 38
Krevety s paprikou 39
Vyprážané krevety s bravčovým mäsom 40
Vyprážané krevety so sherry omáčkou 42
Vyprážané krevety so sezamom 44
Vyprážané krevety v škrupine 45
Vyprážané krevety 46
Krevety Tempura 47
Žuvačka 48
Krevety s tofu 50
Krevety s paradajkami 51

Krevety s paradajkovou omáčkou 52
Krevety s paradajkovou omáčkou a čili 53
Vyprážané krevety s paradajkovou omáčkou 54
Krevety so zeleninou 56
Krevety s vodnými gaštanmi 57
krevety wontons 57
Abalone s kuracím mäsom 58
Abalone so špargľou 59
Abalone s hubami 62
Abalone s ustricovou omáčkou 62
dusené mušle 63
Mušle s fazuľovými klíčkami 65
Mušle so zázvorom a cesnakom 66
Pečené mušle 67
raky 68
krabí puding 69
Čínske listové krabie mäso 70
Krab Foo Yung s fazuľovými klíčkami 71
Krab so zázvorom 72
Krab Lo Mein 73
Pečený krab s bravčovým mäsom 75
Vyprážané krabie mäso 76
vyprážané kalamáre 77
kantonský homár 78
vyprážaný homár 80
Dusený homár so šunkou 81
Homár s hubami 82
Homáre chvosty s bravčovým mäsom 83
Pečený homár 85
hniezda homárov 86
Mušle v omáčke z čiernej fazule 87
Mušle so zázvorom 87
Dusené mušle 89
Pečené ustrice 90
Ustrice so slaninou 91
Vyprážané ustrice so zázvorom 92

Ustrice s omáčkou z čiernej fazule 93
Hrebenatka s bambusovými výhonkami 94
Hrebenatka s vajcom 96
Hrebenatka s brokolicou 97
Hrebenatka so zázvorom 99
Hrebenatka so šunkou 100
Miešané vajcia s mušľami a bylinkami 100
Vyprážané hrebenatky a cibuľa 101
Hrebenatka so zeleninou 102
Hrebenatka s paprikou 105
Kalmáre s fazuľovými klíčkami 106
vyprážané chobotnice 107
chobotnicové balíčky 108
vyprážané kalamáre 110
Vyprážané kalamáre 112
Chobotnica so sušenými hubami 113
Chobotnice so zeleninou 114
Dusené hovädzie mäso s anízom 115
Teľacie mäso so špargľou 116
Hovädzie mäso s bambusovými výhonkami 118
Hovädzie mäso s bambusovými výhonkami a hubami 119
Čínske dusené hovädzie mäso 120
Hovädzie mäso s fazuľovými klíčkami 120
Hovädzie mäso s brokolicou 122
Hovädzie mäso so sezamovými semienkami a brokolicou 123
Grilované mäso 125
kantonské mäso 126
Teľacie mäso s mrkvou 127
Hovädzie mäso s kešu orieškami 128
Pomalý hrniec s hovädzím mäsom 129
Hovädzie mäso s karfiolom 130
Teľacie mäso so zelerom 131
Vyprážané rezne so zelerom 131
Mleté hovädzie mäso s kuracím mäsom a zelerom 132
Hovädzie mäso s čili 135
Hovädzie mäso s čínskou kapustou 137

Hovädzia kotleta Suey 138
Teľacie mäso s uhorkou 140
Hovädzie Chow Mein 141
filet z uhorky 143
Vyprážané hovädzie kari 144
Omeleta so šunkou a vodným gaštanom 146
Omeleta s homárom 147
ustricová omeleta 148
Omeleta z kreviet 149
Omeleta s mušľami 150
Omeleta s tofu 151
Bravčové plnené tortilla 152
Tortilla plnená krevetami 153
Tortilla rolky v pare s kuracou plnkou 154
ustricové palacinky 155
Placky s krevetami 156
Čínske miešané vajcia 157
Miešané vajcia s rybami 158
Miešané vajcia s hubami 159
Miešané vajcia s ustricovou omáčkou 160
Miešané vajcia s bravčovým mäsom 161
Miešané vajcia s bravčovým mäsom a krevetami 162
Miešané vajcia so špenátom 163
Miešané vajíčka s pažítkou 164
Miešané vajcia s paradajkami 165
Miešané vajcia so zeleninou 166
kuracie sufle 167
krabie suflé 168
Krabie a zázvorové suflé 169
rybie sufle 170
krevetové suflé 171
Krevetové suflé s fazuľovými klíčkami 172
zeleninové suflé 173
Egg Foo Yung 174
Vyprážané vajíčko Foo Yung 175
Foo Yung krab s hubami 176

Šunka vajcia Foo Yung 177
Pečené bravčové vajce Foo Yung 178
Bravčové vajce a krevety Foo Yung 179
biela ryža 180
varená hnedá ryža 180
Ryža s hovädzím mäsom 181
Ryža s kuracou pečeňou 182
Ryža s kuracím mäsom a hubami 183
kokosová ryža 184
Ryža s krabím mäsom 185
Ryža s hráškom 186
Ryža s korením 187
Ryža so strateným vajíčkom 188
Ryža na singapurský spôsob 189
Ryža pomalých lodí 189
dusená vyprážaná ryža 190
Pečená ryža 191
vyprážaná ryža s mandľami 192
Vyprážaná Ryža So Slaninkou A Vajcom 193
Vyprážaná ryža s mäsom 194
Vyprážaná ryža s mletým mäsom 195
Vyprážaná ryža s mäsom a cibuľou 196
kuracia vyprážaná ryža 197
Kačacia vyprážaná ryža 198
šunka vyprážaná ryža 199
Ryža s údenou šunkou s vývarom 200
bravčová vyprážaná ryža 201
Vyprážaná ryža s bravčovým mäsom a krevetami 202
Vyprážaná ryža s krevetami 203
vyprážaná ryža a hrášok 204
Vyprážaná ryža z lososa 205
Špeciálna vyprážaná ryža 206
Desať drahocennej ryže 207
Ryža s vyprážaným tuniakom 207
Varené vaječné rezance 208
dusené vaječné rezance 209

Pečené rezance 210
Smažené rezance 211
Vyprážané mäkké rezance... 212
Dusené rezance 213
studené rezance.. 214
košíky na rezance 215
rezancová palacinka 215

Kuracie so slaninou

pre 4 osoby

225 g / 8 oz kuracie mäso, nakrájané na veľmi tenké plátky
75 ml / 5 lyžíc sójovej omáčky
15 ml / 1 polievková lyžica ryžového vína alebo suchého sherry
1 rozdrvený strúčik cesnaku
15 ml / 1 polievková lyžica hnedého cukru
5 ml / 1 čajová lyžička soli
5 ml / 1 lyžička jemne nasekaného koreňa zázvoru
225 g chudej slaniny nakrájanej na kocky
100 g vodných gaštanov nakrájaných na veľmi tenké plátky
30 ml / 2 polievkové lyžice medu

Vložte kurča do misy. Zmiešajte 45 ml / 3 polievkové lyžice sójovej omáčky s vínom alebo sherry, cesnakom, cukrom, soľou a zázvorom, zalejte kura a marinujte asi 3 hodiny. Kuracie mäso, slaninu a gaštany navlečte na kebabové špízy. Zmiešajte zvyšok sójovej omáčky s medom a rozdeľte na kebab. Grilujte (grilujte) pod horúcim grilom asi 10 minút, kým nie sú uvarené, pričom ich často otáčajte a počas pečenia potierajte ďalšou glazúrou.

Hranolky s kuracím mäsom a banánom

pre 4 osoby

2 varené kuracie filety
2 pevné banány
6 krajcov chleba
4 vajcia
120 ml / 4 fl oz / ¬Ω šálka mlieka
50 g / 2 oz / ¬Ω šálka univerzálnej múky
225 g / 8 uncí / 4 šálky čerstvej strúhanky
olej na vyprážanie

Kuracie mäso nakrájame na 24 kusov. Banány ošúpeme a nakrájame pozdĺžne na štvrtiny. Každú štvrtinu nakrájajte na tretiny, aby ste získali 24 kusov. Z chleba odrežte kôrku a nakrájajte na štvrtiny. Rozšľahajte vajcia a mlieko a rozdeľte na jednu stranu chleba. Na vajcom pokrytú stranu každého kúska chleba položte kúsok kuracieho mäsa a kúsok banánu. Štvorce namočíme do múky, potom namočíme do vajíčka a obalíme v strúhanke. Opäť ponorte do vajíčka a strúhanky. Rozpálime olej a opekáme po niekoľkých štvorcoch do zlatista. Pred podávaním sceďte na kuchynskom papieri.

Kuracie mäso so zázvorom a hubami

pre 4 osoby

225 g / 8 oz filé z kuracích pŕs
5 ml / 1 čajová lyžička prášku z piatich korení
15 ml / 1 polievková lyžica univerzálnej múky
120 ml / 4 fl oz / ¬Ω šálka arašidového oleja (arašidy)
4 šalotky, rozpolené
1 strúčik cesnaku, nasekaný
1 plátok koreňa zázvoru, jemne nasekaný
25 g / 1 oz / ¬º šálka kešu orieškov
5 ml / 1 čajová lyžička medu
15 ml / 1 polievková lyžica ryžovej múky
75 ml / 5 lyžíc ryžového vína alebo suchého sherry
100 g húb nakrájaných na štvrtiny
2,5 ml / ¬Ω lyžičky kurkumy
6 žltých paprík, rozpolených
5 ml / 1 lyžička sójovej omáčky
¬Ω limetková šťava
soľ a korenie
4 chrumkavé listy šalátu

Kuracie filé nakrájajte šikmo cez drôt na tenké prúžky. Poprášime práškom z piatich korení a zľahka posypeme múkou. Zahrejte 15 ml / 1 polievkovú lyžicu oleja a opečte kurča do zlatista. Odstráňte z panvice. Zohrejte ešte trochu oleja a 1 minútu opečte šalotku, cesnak, zázvor a kešu oriešky. Pridajte med a miešajte, kým sa zelenina neobalí. Poprášte múkou a potom pridajte víno alebo sherry. Pridajte huby, kurkumu a papriku a smažte 1 minútu. Pridajte kuracie mäso, sójovú omáčku, polovicu limetkovej šťavy, soľ a korenie a prehrejte. Vyberte z panvice a udržujte v teple. Zohrejte ešte olej, pridajte listy šalátu a rýchlo opečte, dochuťte soľou, korením a zvyšnou limetkovou šťavou.

Kuracie mäso a šunka

pre 4 osoby

225 g / 8 oz kuracie mäso, nakrájané na veľmi tenké plátky
75 ml / 5 lyžíc sójovej omáčky
15 ml / 1 polievková lyžica ryžového vína alebo suchého sherry
15 ml / 1 polievková lyžica hnedého cukru
5 ml / 1 lyžička jemne nasekaného koreňa zázvoru
1 rozdrvený strúčik cesnaku
225 g varenej šunky nakrájanej na kocky
30 ml / 2 polievkové lyžice medu

Vložte kurča do misky so 45 ml/3 polievkovými lyžicami sójovej omáčky, vínom alebo sherry, cukrom, zázvorom a cesnakom. Necháme 3 hodiny marinovať. Kuracie mäso a šunku navlečte na kebabové špízy. Zmiešajte zvyšok sójovej omáčky s medom a rozdeľte na kebab. Grilujeme (vyprážame) pod rozpáleným grilom asi 10 minút za častého otáčania a potierania polevou počas pečenia.

Grilované kuracie pečienky

pre 4 osoby

450 g / 1 libra kuracích pečienok
45 ml / 3 lyžice sójovej omáčky
15 ml / 1 polievková lyžica ryžového vína alebo suchého sherry
15 ml / 1 polievková lyžica hnedého cukru
5 ml / 1 čajová lyžička soli
5 ml / 1 lyžička jemne nasekaného koreňa zázvoru
1 rozdrvený strúčik cesnaku

Kuracie pečienky povaríme vo vriacej vode 2 minúty a potom dobre scedíme. Vložte do misy so všetkými ostatnými ingredienciami okrem oleja a marinujte asi 3 hodiny. Kuracie pečienky napichneme na špízy a pod rozpáleným grilom grilujeme (opekáme) cca 8 minút do zlatista.

Krabie guľôčky s vodnými gaštanmi

pre 4 osoby

450 g / 1 libra krabie mäso, nakrájané
100 g nasekaných vodných gaštanov
1 rozdrvený strúčik cesnaku
1 cm/¬Ω nakrájaný koreň zázvoru, jemne nasekaný
45 ml / 3 lyžice kukuričnej múky (kukuričná múka)
30 ml / 2 polievkové lyžice sójovej omáčky
15 ml / 1 polievková lyžica ryžového vína alebo suchého sherry
5 ml / 1 čajová lyžička soli
5 ml / 1 čajová lyžička cukru
3 rozšľahané vajcia
olej na vyprážanie

Všetky suroviny okrem oleja zmiešame a vytvarujeme guľky. Zahrejte olej a opečte krabie guľky do zlatista. Pred podávaním dobre sceďte.

dim sum

pre 4 osoby

100 g ošúpaných kreviet, nasekaných

225 g / 8 oz chudé bravčové mäso, jemne nakrájané

50 g / 2 oz bok choy, jemne nasekané

3 cibuľky (jarná cibuľka), nakrájané nadrobno

1 rozšľahané vajce

30 ml / 2 polievkové lyžice kukuričnej múky (kukuričná múka)

10 ml / 2 čajové lyžičky sójovej omáčky

5 ml / 1 čajová lyžička sezamového oleja

5 ml / 1 ČL ustricovej omáčky

24 wontonových obalov

olej na vyprážanie

Zmiešajte krevety, bravčové mäso, kapustu a cibuľku. Zmiešajte vajcia, kukuričnú múku, sójovú omáčku, sezamový olej a ustricovú omáčku. Do stredu každého wonton obalu nakvapkajte lyžice zmesi. Jemne pritlačte obaly okolo plnky, okraje spojte, ale vrch nechajte otvorený. Rozohrejte olej a opečte na ňom po niekoľkých porciách do zlatista. Dobre sceďte a podávajte horúce.

Šunkové a kuracie rolky

pre 4 osoby

2 kuracie filety

1 rozdrvený strúčik cesnaku

2,5 ml / ¬Ω lyžičky soli

2,5 ml / ¬Ω čajová lyžička prášku z piatich korení

4 plátky uvarenej šunky

1 rozšľahané vajce

30 ml / 2 polievkové lyžice mlieka

25 g / 1 oz / ¬° šálka univerzálnej múky

4 jarné závitky

olej na vyprážanie

Kuracie filety prekrojíme na polovicu. Rozdrvte ich, až kým nebudú veľmi jemné. Zmiešajte cesnak, soľ a prášok z piatich korení a posypte kura. Na každý kus kurčaťa položíme plátok šunky a pevne zvinieme. Zmiešajte vajíčko a mlieko. Kuracie kúsky olúpte v múke a potom ich ponorte do vaječnej zmesi. Každý kúsok položíme na jarnú rolku a okraje potrieme rozšľahaným vajíčkom. Preložte strany a zrolujte k sebe, pritlačte okraje, aby sa utesnili. Rozpálime olej a žemle opekáme asi 5 minút do zlatista a je hotovo. Nechajte odkvapkať na kuchynskom papieri a nakrájajte na hrubé diagonálne plátky, aby ste mohli podávať.

Rotácia pečenej šunky

pre 4 osoby

350 g / 12 oz / 3 šálky univerzálnej múky
175 g / 6 oz / ¬œ šálka masla
120 ml / 4 fl oz / ¬Ω šálka vody
225 g nakrájanej šunky
100 g / 4 oz bambusové výhonky, nasekané
2 nadrobno nakrájané cibuľky (jarná cibuľka).
15 ml / 1 polievková lyžica sójovej omáčky
30 ml / 2 polievkové lyžice sezamových semienok

Do misy dáme múku a rozotrieme maslo. Zmiešajte s vodou, aby ste vytvorili cesto. Cesto rozvaľkáme a nakrájame na 5/2 cm kolieska. Zmiešajte všetky ostatné ingrediencie okrem sezamových semienok a do každého kruhu vložte polievkovú lyžicu. Okraje cesta potrieme vodou a uzatvoríme. Zvonku potrieme vodou a posypeme sezamovými semienkami. Pečieme v predhriatej rúre na 180 C / 350 F / plyn Mark 4 počas 30 minút.

Pseudo údená ryba

pre 4 osoby

1 morský vlk

3 plátky koreňa zázvoru, nakrájané na plátky

1 rozdrvený strúčik cesnaku

1 jarná cibuľka (šalotka), nakrájaná na hrubé plátky

75 ml / 5 lyžíc sójovej omáčky

30 ml / 2 polievkové lyžice ryžového vína alebo suchého sherry

2,5 ml / ¬Ω lyžička mletého anízu

2,5 ml / ¬Ω čajová lyžička sezamového oleja

10 ml / 2 lyžičky cukru

120 ml / 4 fl oz / ¬Ω šálka vývaru

olej na vyprážanie

5 ml / 1 ČL kukuričnej múky (kukuričná múka)

Rybu orežte a nakrájajte proti srsti na 5 mm plátky. Zmiešame zázvor, cesnak, jarnú cibuľku, 60 ml/4 polievkové lyžice sójovej omáčky, sherry, anízový a sezamový olej. Nalejte na rybu a jemne premiešajte. Za občasného otáčania necháme 2 hodiny odstáť.

Marinádu scedíme na panvici a rybu osušíme na kuchynskom papieri. Do marinády pridajte cukor, vývar a zvyšnú sójovú omáčku, priveďte do varu a varte 1 minútu. Ak chceme omáčku zahustiť, rozmiešame kukuričný škrob s trochou studenej vody, vmiešame do omáčky a za stáleho miešania dusíme, kým omáčka nezhustne.

Medzitým rozohrejeme olej a rybu opečieme do zlatista. Dobre sceďte. Namočte kúsky rýb do marinády a položte na horúci servírovací tanier. Podávajte teplé alebo studené.

Plnené huby

pre 4 osoby

12 veľkých klobúkov sušených húb

225 g / 8 oz krabie mäso

3 vodné gaštany, nasekané nadrobno

2 scallions (scallions), jemne nasekané

1 vaječný bielok

15 ml / 1 polievková lyžica kukuričnej múky (kukuričná múka)

15 ml / 1 polievková lyžica sójovej omáčky

15 ml / 1 polievková lyžica ryžového vína alebo suchého sherry

Namočte huby cez noc do teplej vody. Vytlačte do sucha. Zvyšné ingrediencie spolu zmiešame a použijeme na naplnenie klobúčikov húb. Umiestnite na mriežku na pare a varte 40 minút. Podávajte horúce.

Huby s ustricovou omáčkou

pre 4 osoby

10 sušených čínskych húb
250 ml / 8 fl oz / 1 šálka hovädzieho vývaru
15 ml / 1 polievková lyžica kukuričnej múky (kukuričná múka)
30 ml / 2 polievkové lyžice ustricovej omáčky
5 ml / 1 lyžička ryžového vína alebo suchého sherry

Huby namočte na 30 minút do teplej vody, sceďte a odložte si 250 ml / 8 fl oz / 1 šálku tekutiny na namáčanie. Stonky vyhoďte. Zmiešajte 60 ml/4 polievkové lyžice hovädzieho vývaru s kukuričnou múkou, kým nezískate pastu. Zvyšný hovädzí vývar s hubami a hubovou šťavou privedieme do varu, prikryjeme a dusíme 20 minút. Odstráňte huby z tekutiny pomocou štrbinovej lyžice a položte na teplý servírovací tanier. Do panvice pridajte ustricovú omáčku a sherry a za stáleho miešania varte 2 minúty. Pridajte kukuričnú pastu a varte na miernom ohni za stáleho miešania, kým omáčka nezhustne. Nalejte na huby a ihneď podávajte.

Bravčové a šalátové rolky

pre 4 osoby

4 sušené čínske huby
15 ml / 1 polievková lyžica arašidového oleja
225 g / 8 oz chudé bravčové mäso, jemne nakrájané
100 g / 4 oz bambusové výhonky, nasekané
100 g nasekaných vodných gaštanov
4 nadrobno nakrájané cibuľky (jarná cibuľka).
175 g / 6 oz krabie mäso, vločkované
30 ml / 2 polievkové lyžice ryžového vína alebo suchého sherry
15 ml / 1 polievková lyžica sójovej omáčky
10 ml / 2 čajové lyžičky ustricovej omáčky
10 ml / 2 čajové lyžičky sezamového oleja
9 čínskych listov

Huby namočíme na 30 minút do teplej vody a potom scedíme. Vyhoďte stonky a nakrájajte vrcholy. Zahrejte olej a smažte bravčové mäso 5 minút. Pridajte hríby, bambusové výhonky, vodné gaštany, jarnú cibuľku a krabie mäso a varte 2 minúty. Zmiešajte víno alebo sherry, sójovú omáčku, ustricovú omáčku a sezamový olej a premiešajte na panvici. Odstráňte z tepla. Medzitým blanšírujte čínske listy vo vriacej vode na 1 minútu a sceďte. Do stredu každého plátu vložte lyžice bravčovej zmesi, preložte boky a zrolujte, aby ste mohli podávať.

Bravčové a gaštanové fašírky

pre 4 osoby

450 g / 1 libra mletého bravčového mäsa (mleté)
50 g húb, nakrájaných nadrobno
50 g vodných gaštanov nasekaných nadrobno
1 rozdrvený strúčik cesnaku
1 rozšľahané vajce
30 ml / 2 polievkové lyžice sójovej omáčky
15 ml / 1 polievková lyžica ryžového vína alebo suchého sherry
5 ml / 1 lyžička jemne nasekaného koreňa zázvoru
5 ml / 1 čajová lyžička cukru
Slaný
30 ml / 2 polievkové lyžice kukuričnej múky (kukuričná múka)
olej na vyprážanie

Všetky ingrediencie okrem kukuričného škrobu zmiešame a tvarujeme guľky. Rolovať v kukuričnej múke. Rozpálime olej a fašírky opekáme asi 10 minút do zlatista. Pred podávaním dobre sceďte.

vepřo knedlo

pre 4 osoby

450 g / 1 lb univerzálna múka
500 ml / 17 fl oz / 2 šálky vody
450 g vareného bravčového mäsa, nakrájaného nadrobno
225 g ošúpaných kreviet, nasekaných
4 stonky zeleru, nakrájané nadrobno
15 ml / 1 polievková lyžica sójovej omáčky
15 ml / 1 polievková lyžica ryžového vína alebo suchého sherry
15 ml / 1 polievková lyžica sezamového oleja
5 ml / 1 čajová lyžička soli
2 scallions (scallions), jemne nasekané
2 strúčiky cesnaku, mleté
1 plátok koreňa zázvoru, jemne nasekaný

Múku a vodu zmiešame na hladké cesto a dobre vymiesime. Prikryte a nechajte 10 minút odstáť. Cesto rozvaľkáme na čo najtenšie a nakrájame na kolieska 5/2 cm. Zmiešajte všetky ostatné ingrediencie. Do každého kruhu nakvapkáme lyžičky zmesi, okraje navlhčíme a uzavrieme do polkruhu. Hrniec s vodou priveďte do varu a fašírky jemne vložte do vody. Keď fašírky vyplávajú nahor, pridajte 150 ml / ¬ᵒpt / ¬æ šálky studenej vody a priveďte vodu späť do varu. Ak sa fašírky opäť zdvihnú, sú hotové.

Krevety s liči omáčkou

pre 4 osoby

50 g / 2 oz / ¬Ω jedna šálka (univerzálne)
múky

2,5 ml / ¬Ω lyžičky soli

1 vajce, zľahka rozšľahané

30 ml / 2 polievkové lyžice vody

450 g / 1 libra lúpaných kreviet

olej na vyprážanie

30 ml / 2 polievkové lyžice arašidového oleja

2 plátky koreňa zázvoru, jemne nasekané

30 ml / 2 lyžice vínneho octu

5 ml / 1 čajová lyžička cukru

2,5 ml / ¬Ω lyžičky soli

15 ml / 1 polievková lyžica sójovej omáčky

200g/7oz konzervované liči, scedené

Múku, soľ, vajce a vodu vyšľaháme na cesto, podľa potreby pridáme ešte trochu vody. Zmiešajte s krevetami, kým nie sú dobre pokryté. Rozohrejte olej a krevety opekajte niekoľko minút, kým nie sú chrumkavé a zlatohnedé. Nechajte odkvapkať na kuchynskom papieri a položte na horúci servírovací tanier. Medzitým rozohrejeme olej a 1 minútu na ňom orestujeme zázvor. Pridajte vínny ocot, cukor, soľ a sójovú omáčku. Pridajte liči a miešajte, kým nebude horúce a potiahnuté omáčkou. Nalejte krevety a ihneď podávajte.

Vyprážané krevety s mandarínkou

pre 4 osoby

60 ml / 4 polievkové lyžice arašidového oleja
1 rozdrvený strúčik cesnaku
1 plátok koreňa zázvoru, jemne nasekaný
450 g / 1 libra lúpaných kreviet
30 ml / 2 lyžice ryžového vína alebo suchého sherry 30 ml / 2 lyžice sójovej omáčky
15 ml / 1 polievková lyžica kukuričnej múky (kukuričná múka)
45 ml / 3 polievkové lyžice vody

Rozpálime olej a opražíme cesnak a zázvor do svetlohneda. Pridajte krevety a smažte 1 minútu. Pridajte víno alebo sherry a dobre premiešajte. Pridajte sójovú omáčku, kukuričnú múku a vodu a smažte 2 minúty.

Krevety s Mangetoutom

pre 4 osoby

5 sušených čínskych húb

225 g fazuľových klíčkov

60 ml / 4 polievkové lyžice arašidového oleja

5 ml / 1 čajová lyžička soli

2 stonky zeleru, nakrájané nadrobno

4 nadrobno nakrájané cibuľky (jarná cibuľka).

2 strúčiky cesnaku, mleté

2 plátky koreňa zázvoru, jemne nasekané

60 ml / 4 polievkové lyžice vody

15 ml / 1 polievková lyžica sójovej omáčky

15 ml / 1 polievková lyžica ryžového vína alebo suchého sherry

225 g cukrového hrášku

225 g / 8 oz lúpaných kreviet

15 ml / 1 polievková lyžica kukuričnej múky (kukuričná múka)

Huby namočíme na 30 minút do teplej vody a potom scedíme. Vyhoďte stonky a odrežte vrcholy. Fazuľové klíčky blanšírujeme vo vriacej vode 5 minút a dobre scedíme. Polovicu oleja zohrejte a 1 minútu opečte soľ, zeler, jarnú cibuľku a fazuľové klíčky, potom vyberte z panvice. Zohrejte zvyšok oleja a opečte cesnak a zázvor do svetlohneda. Pridajte polovicu vody, sójovú omáčku, víno alebo sherry, cukrový hrášok a krevety, priveďte do varu a povarte 3 minúty. Kukuričnú múku a zvyšnú vodu zmiešame na pastu, vmiešame do panvice a dusíme za stáleho miešania, kým omáčka nezhustne. Zeleninu vráťte do panvice, dusíme, kým sa nezahreje. Podávajte naraz.

Krevety s čínskymi hubami

pre 4 osoby

8 sušených čínskych húb
45 ml / 3 lyžice arašidového oleja (arašidový)
3 plátky koreňa zázvoru, jemne nasekané
450 g / 1 libra lúpaných kreviet
15 ml / 1 polievková lyžica sójovej omáčky
5 ml / 1 čajová lyžička soli
60 ml / 4 polievkové lyžice rybieho vývaru

Huby namočíme na 30 minút do teplej vody a potom scedíme. Vyhoďte stonky a odrežte vrcholy. Polovicu oleja zohrejte a zázvor opečte do svetlohneda. Pridajte krevety, sójovú omáčku a soľ a smažte, kým sa nepotiahnu olejom a vyberte z panvice. Zohrejte zvyšok oleja a šampiňóny smažte, kým nie sú pokryté olejom. Pridajte vývar, priveďte do varu, prikryte a duste 3 minúty. Vráťte krevety do panvice a miešajte, kým sa nezahrejú.

Krevety a hrášok orestujeme

pre 4 osoby

450 g / 1 libra lúpaných kreviet
5 ml / 1 čajová lyžička sezamového oleja
5 ml / 1 čajová lyžička soli
30 ml / 2 polievkové lyžice arašidového oleja
1 rozdrvený strúčik cesnaku
1 plátok koreňa zázvoru, jemne nasekaný
225 g / 8 oz mrazený alebo blanšírovaný hrášok, rozmrazený
4 nadrobno nakrájané cibuľky (jarná cibuľka).
30 ml / 2 polievkové lyžice vody
soľ a korenie

Zmiešajte krevety so sezamovým olejom a soľou. Rozohrejte olej a 1 minútu opečte cesnak a zázvor. Pridajte krevety a smažte 2 minúty. Pridajte hrášok a smažte 1 minútu. Pridajte jarnú cibuľku a vodu a dochuťte soľou, korením a prípadne trochou sezamového oleja. Pred podávaním zahrejte, miešajte.

Krevety s mangovým chutney

pre 4 osoby

12 kreviet

soľ a korenie

šťava z 1 citróna

30 ml / 2 polievkové lyžice kukuričnej múky (kukuričná múka)

1 mango

5 ml / 1 lyžička horčičného prášku

5 ml / 1 čajová lyžička medu

30 ml / 2 polievkové lyžice kokosovej smotany

30 ml / 2 polievkové lyžice jemného kari

120 ml / 4 fl oz / ¬Ω šálka kuracieho vývaru

45 ml / 3 lyžice arašidového oleja (arašidový)

2 strúčiky cesnaku nakrájané nadrobno

2 nadrobno nakrájané cibuľky (jarná cibuľka).

1 feniklová cibuľka, nasekaná nadrobno

100 g / 4 oz mangové chutney

Ošúpte krevety, chvosty nechajte nedotknuté. Posypeme soľou, korením a citrónovou šťavou a navrch posypeme polovicou maizeny. Mango ošúpeme, dužinu vykrojíme z kôstky a dužinu nakrájame na kocky. Zmiešajte horčicu, med, kokosovú smotanu, kari, zvyšok kukuričnej múky a vývar. Polovicu oleja rozohrejeme a cesnak, jarnú cibuľku a fenikel opekáme 2 minúty. Pridajte vývar, priveďte do varu a varte 1 minútu. Pridajte kocky manga a horúcu omáčku a jemne zohrejte, potom preneste na teplý servírovací tanier. Zohrejte zvyšok oleja a krevety smažte 2 minúty. Umiestnite ich na zeleninu a podávajte naraz.

Pekingské krevety

pre 4 osoby

30 ml / 2 polievkové lyžice arašidového oleja
2 strúčiky cesnaku, mleté
1 plátok koreňa zázvoru, jemne nasekaný
225 g / 8 oz lúpaných kreviet
4 cibuľky (jarná cibuľka), nakrájané na hrubé plátky
120 ml / 4 fl oz / ¬Ω šálka kuracieho vývaru
5 ml / 1 lyžička hnedého cukru
5 ml / 1 lyžička sójovej omáčky
5 ml / 1 lyžička hoisin omáčky
5 ml / 1 čajová lyžička omáčky Tabasco

Zahrejte olej s cesnakom a zázvorom a smažte, kým cesnak nie je svetlohnedý. Pridajte krevety a smažte 1 minútu. Pridajte cibuľu a smažte 1 minútu. Pridáme zvyšné suroviny, privedieme do varu, prikryjeme a za občasného miešania varíme 4 minúty. Skontrolujte korenie a v prípade potreby pridajte viac omáčky Tabasco.

Krevety s paprikou

pre 4 osoby

30 ml / 2 polievkové lyžice arašidového oleja
1 zelená paprika nakrájaná na kocky
450 g / 1 libra lúpaných kreviet
10 ml / 2 čajové lyžičky kukuričnej múky (kukuričná múka)
60 ml / 4 polievkové lyžice vody
5 ml / 1 lyžička ryžového vína alebo suchého sherry
2,5 ml / ¬Ω lyžičky soli
45 ml / 2 polievkové lyžice paradajkového pretlaku (pasta)

Rozohrejeme olej a papriku opekáme 2 minúty. Pridajte krevety a paradajkový pretlak a dobre premiešajte. Zmiešajte vodu z kukuričnej krupice, víno alebo sherry a soľ na pastu, vmiešajte do panvice a varte za stáleho miešania, kým sa omáčka nevyjasní a nezhustne.

Vyprážané krevety s bravčovým mäsom

pre 4 osoby

225 g / 8 oz lúpaných kreviet
100 g chudého bravčového mäsa, strúhaného
60 ml / 4 lyžice ryžového vína alebo suchého sherry
1 vaječný bielok
45 ml / 3 lyžice kukuričnej múky (kukuričná múka)
5 ml / 1 čajová lyžička soli
15 ml / 1 polievková lyžica vody (voliteľné)
90 ml / 6 lyžíc arašidového oleja (arašidový)
45 ml / 3 polievkové lyžice rybieho vývaru
5 ml / 1 čajová lyžička sezamového oleja

Krevety a bravčové mäso rozložte na samostatné taniere. 45 ml / 3 polievkové lyžice vína alebo sherry, vaječný bielok, 30 ml / 2 polievkové lyžice maizeny a soľ vymiešame na sypké cesto, v prípade potreby pridáme vodu. Rozdeľte zmes medzi bravčové mäso a krevety a premiešajte, aby sa obalila rovnomerne. Rozpálime olej a pár minút opekáme bravčové mäso a krevety do zlatista. Vyberte z panvice a nalejte všetko okrem 15 ml / 1 polievkovú lyžicu oleja. Pridajte vývar do panvice so zvyšným vínom alebo sherry a maizenou. Priveďte do varu a za stáleho miešania varte, kým omáčka nezhustne. Prelejte krevety a bravčové mäso a podávajte pokvapkané sezamovým olejom.

Vyprážané krevety so sherry omáčkou

pre 4 osoby

50 g / 2 oz / ½ šálka univerzálnej múky

2,5 ml / ½ lyžičky soli

1 vajce, zľahka rozšľahané

30 ml / 2 polievkové lyžice vody

450 g / 1 libra lúpaných kreviet

olej na vyprážanie

15 ml / 1 polievková lyžica arašidového oleja

1 cibuľa nakrájaná nadrobno

45 ml / 3 lyžice ryžového vína alebo suchého sherry

15 ml / 1 polievková lyžica sójovej omáčky

120 ml / 4 fl oz / ½ šálka rybieho vývaru

10 ml / 2 čajové lyžičky kukuričnej múky (kukuričná múka)

30 ml / 2 polievkové lyžice vody

Múku, soľ, vajce a vodu vyšľaháme na cesto, podľa potreby pridáme ešte trochu vody. Zmiešajte s krevetami, kým nie sú dobre pokryté. Rozohrejte olej a krevety opekajte niekoľko minút, kým nie sú chrumkavé a zlatohnedé. Nechajte odkvapkať na kuchynskom papieri a položte na teplý servírovací tanier. Medzitým rozohrejeme olej a opražíme na ňom cibuľu do mäkka. Pridajte víno alebo sherry, sójovú omáčku a vývar, priveďte do varu a varte 4 minúty. Kukuričnú krupicu a vodu zmiešame na pastu, vmiešame do panvice a za stáleho miešania dusíme, kým sa omáčka nevyjasní a nezhustne. Krevety prelejeme omáčkou a podávame.

Vyprážané krevety so sezamom

pre 4 osoby

450 g / 1 libra lúpaných kreviet

¬Ω proteín

5 ml / 1 lyžička sójovej omáčky

5 ml / 1 čajová lyžička sezamového oleja

50 g / 2 oz / ¬Ω šálka kukuričnej múky (kukuričná múka)

soľ a čerstvo mleté biele korenie

olej na vyprážanie

60 ml / 4 polievkové lyžice sezamových semienok

Listy šalátu

Krevety zmiešame s bielkom, sójovou omáčkou, sezamovým olejom, kukuričnou múkou, soľou a korením. Ak je zmes príliš hustá, pridajte trochu vody. Zohrejte olej a krevety opekajte niekoľko minút, kým jemne nezhnednú. Medzitým si na suchej panvici krátko opražíme sezamové semienka do zlatista. Krevety scedíme a zmiešame so sezamovými semienkami. Podávajte na šalátovom lôžku.

Vyprážané krevety v škrupine

pre 4 osoby

60 ml / 4 polievkové lyžice arašidového oleja
750 g nelúpaných kreviet
3 cibuľky (jarná cibuľka), nakrájané nadrobno
3 plátky koreňa zázvoru, jemne nasekané
2,5 ml / ¬Ω lyžičky soli
15 ml / 1 polievková lyžica ryžového vína alebo suchého sherry
120 ml / 4 fl oz / ¬Ω šálka paradajkovej omáčky (kečup)
15 ml / 1 polievková lyžica sójovej omáčky
15 ml / 1 polievková lyžica cukru
15 ml / 1 polievková lyžica kukuričnej múky (kukuričná múka)
60 ml / 4 polievkové lyžice vody

Zohrejte olej a smažte krevety 1 minútu, ak sú varené, alebo kým nezružovejú, ak sú surové. Pridajte jarnú cibuľku, zázvor, soľ a víno alebo sherry a varte 1 minútu. Pridajte paradajkovú omáčku, sójovú omáčku a cukor a smažte 1 minútu. Zmiešajte kukuričnú múčku a vodu, vmiešajte do panvice a varte za stáleho miešania, kým sa omáčka nevyjasní a nezhustne.

Vyprážané krevety

pre 4 osoby

75 g / 3 oz / kopa ¬° šálky kukuričnej múčky (kukuričný škrob)

1 vaječný bielok

5 ml / 1 lyžička ryžového vína alebo suchého sherry

Slaný

350 g / 12 oz lúpaných kreviet

olej na vyprážanie

Kukuričnú krupicu, vaječný bielok, víno alebo sherry a štipku soli vyšľaháme do hustého cesta. Ponorte krevety do cesta, kým nebudú dobre pokryté. Olej zohrejte na stredne horúci a krevety pár minút opekajte do zlatista. Odstráňte z oleja, zahrejte do horúceho a krevety znova opečte, kým nie sú chrumkavé a zlatohnedé.

Krevety Tempura

pre 4 osoby

450 g / 1 libra lúpaných kreviet
30 ml / 2 polievkové lyžice univerzálnej múky
30 ml / 2 polievkové lyžice kukuričnej múky (kukuričná múka)
30 ml / 2 polievkové lyžice vody
2 rozšľahané vajcia
olej na vyprážanie

Krevety narežeme do stredu vnútornej krivky a rozložíme ich do tvaru motýľa. Múku, kukuričný škrob a vodu vymiešame na cesto a pridáme vajce. Zahrejte olej a opečte krevety do zlatista.

Žuvačka

pre 4 osoby

30 ml / 2 polievkové lyžice arašidového oleja

2 nadrobno nakrájané cibuľky (jarná cibuľka).

1 rozdrvený strúčik cesnaku

1 plátok koreňa zázvoru, jemne nasekaný

100 g kuracieho filé nakrájaného na prúžky

100 g šunky, nakrájanej na prúžky

100 g bambusových výhonkov nakrájaných na prúžky

100 g vodných gaštanov nakrájaných na prúžky

225 g / 8 oz lúpaných kreviet

30 ml / 2 polievkové lyžice sójovej omáčky

30 ml / 2 polievkové lyžice ryžového vína alebo suchého sherry

5 ml / 1 čajová lyžička soli

5 ml / 1 čajová lyžička cukru

5 ml / 1 ČL kukuričnej múky (kukuričná múka)

Rozpálime olej a orestujeme jarnú cibuľku, cesnak a zázvor, kým jemne nezhnednú. Pridajte kuracie mäso a smažte 1 minútu. Pridajte šunku, bambusové výhonky a vodné gaštany a smažte 3 minúty. Pridajte krevety a smažte 1 minútu. Pridajte sójovú omáčku, víno alebo sherry, soľ a cukor a varte 2 minúty.

Zmiešajte maizenu s trochou vody, vmiešajte ju do panvice a varte na miernom ohni 2 minúty za stáleho miešania.

Krevety s tofu

pre 4 osoby

45 ml / 3 lyžice arašidového oleja (arašidový)
225 g / 8 oz tofu, nakrájané na kocky
1 cibuľka (jarná cibuľka), nasekaná
1 rozdrvený strúčik cesnaku
15 ml / 1 polievková lyžica sójovej omáčky
5 ml / 1 čajová lyžička cukru
90 ml / 6 polievkových lyžíc rybieho vývaru
225 g / 8 oz lúpaných kreviet
15 ml / 1 polievková lyžica kukuričnej múky (kukuričná múka)
45 ml / 3 polievkové lyžice vody

Polovicu oleja zohrejte a tofu opečte do svetlohneda a vyberte z panvice. Zohrejte zvyšok oleja a opečte na ňom jarnú cibuľku a cesnak, kým jemne nezhnednú. Pridajte sójovú omáčku, cukor a vývar a priveďte do varu. Pridajte krevety a za stáleho miešania smažte na miernom ohni 3 minúty. Kukuričnú krupicu a vodu zmiešame na pastu, vmiešame do panvice a za stáleho miešania dusíme, kým omáčka nezhustne. Tofu vrátime na panvicu a dusíme, kým sa nezohreje.

Krevety s paradajkami

pre 4 osoby

2 bielka

30 ml / 2 polievkové lyžice kukuričnej múky (kukuričná múka)

5 ml / 1 čajová lyžička soli

450 g / 1 libra lúpaných kreviet

olej na vyprážanie

30 ml / 2 polievkové lyžice ryžového vína alebo suchého sherry

225 g / 8 oz paradajok, zbavených kože, semien a nakrájaných

Primiešame bielka, kukuričný škrob a soľ. Pridajte krevety, kým nie sú dobre pokryté. Zahrejte olej a smažte krevety, kým sa neuvaria. Nalejte všetko okrem 15 ml/1 polievkovú lyžicu oleja a prehrejte. Pridajte víno alebo sherry a paradajky a priveďte do varu. Pridajte krevety a pred podávaním rýchlo prehrejte.

Krevety s paradajkovou omáčkou

pre 4 osoby

30 ml / 2 polievkové lyžice arašidového oleja
1 rozdrvený strúčik cesnaku
2 plátky koreňa zázvoru, jemne nasekané
2,5 ml / ¬Ω lyžičky soli
15 ml / 1 polievková lyžica ryžového vína alebo suchého sherry
15 ml / 1 polievková lyžica sójovej omáčky
6 ml / 4 lyžice paradajkovej omáčky (kečup)
120 ml / 4 fl oz / ¬Ω šálka rybieho vývaru
350 g / 12 oz lúpaných kreviet
10 ml / 2 čajové lyžičky kukuričnej múky (kukuričná múka)
30 ml / 2 polievkové lyžice vody

Rozpálime olej a 2 minúty opekáme cesnak, zázvor a soľ. Pridajte víno alebo sherry, sójovú omáčku, paradajkovú omáčku a vývar a priveďte do varu. Pridajte krevety, prikryte a varte na miernom ohni 2 minúty. Kukuričnú krupicu a vodu zmiešame na pastu, vmiešame do panvice a za stáleho miešania dusíme, kým sa omáčka nevyjasní a nezhustne.

Krevety s paradajkovou omáčkou a čili

pre 4 osoby

60 ml / 4 polievkové lyžice arašidového oleja
15 ml / 1 polievková lyžica jemne nasekaného zázvoru
15 ml / 1 polievková lyžica nasekaného cesnaku
15 ml / 1 polievková lyžica nasekanej pažítky
60 ml / 4 lyžice paradajkového pretlaku (pasta)
15 ml / 1 polievková lyžica čili omáčky
450 g / 1 libra lúpaných kreviet
15 ml / 1 polievková lyžica kukuričnej múky (kukuričná múka)
15 ml / 1 polievková lyžica vody

Rozpálime olej a 1 minútu opekáme zázvor, cesnak a jarnú cibuľku. Pridajte paradajkovú pastu a chilli omáčku a dobre premiešajte. Pridajte krevety a smažte 2 minúty. Kukuričnú múku a vodu zmiešame na pastu, vmiešame do panvice a dusíme, kým omáčka nezhustne. Podávajte naraz.

Vyprážané krevety s paradajkovou omáčkou

pre 4 osoby

50 g / 2 oz / ¬Ω šálka univerzálnej múky

2,5 ml / ¬Ω lyžičky soli

1 vajce, zľahka rozšľahané

30 ml / 2 polievkové lyžice vody

450 g / 1 libra lúpaných kreviet

olej na vyprážanie

30 ml / 2 polievkové lyžice arašidového oleja

1 cibuľa nakrájaná nadrobno

2 plátky koreňa zázvoru, jemne nasekané

75 ml / 5 lyžíc paradajkovej omáčky (kečup)

10 ml / 2 čajové lyžičky kukuričnej múky (kukuričná múka)

30 ml / 2 polievkové lyžice vody

Múku, soľ, vajce a vodu vyšľaháme na cesto, podľa potreby pridáme ešte trochu vody. Zmiešajte s krevetami, kým nie sú dobre pokryté. Rozohrejte olej a krevety opekajte niekoľko minút, kým nie sú chrumkavé a zlatohnedé. Scedíme na kuchynskom papieri.

Medzitým rozohrejeme olej a opražíme na ňom cibuľu a zázvor do mäkka. Pridajte paradajkovú omáčku a varte 3 minúty. Kukuričnú krupicu a vodu zmiešame na pastu, vmiešame do panvice a za stáleho miešania dusíme, kým omáčka nezhustne. Pridajte krevety na panvicu a varte na miernom ohni, kým sa nezahrejú. Podávajte naraz.

Krevety so zeleninou

pre 4 osoby

15 ml / 1 polievková lyžica arašidového oleja
225 g ružičiek brokolice
225 g / 8 uncí húb
225 g / 8 oz bambusové výhonky, nakrájané na plátky
450 g / 1 libra lúpaných kreviet
120 ml / 4 fl oz / ½ šálka kuracieho vývaru
5 ml / 1 ČL kukuričnej múky (kukuričná múka)
5 ml / 1 ČL ustricovej omáčky
2,5 ml / ½ lyžičky cukru
2,5 ml / ½ čajová lyžička strúhaného koreňa zázvoru
štipka čerstvo mletého korenia

Rozpálime olej a brokolicu opekáme 1 minútu. Pridajte huby a bambusové výhonky a smažte 2 minúty. Pridajte krevety a smažte 2 minúty. Zmiešajte zvyšné ingrediencie a premiešajte zmesou kreviet. Za stáleho miešania priveďte do varu a za stáleho miešania varte 1 minútu.

Krevety s vodnými gaštanmi

pre 4 osoby

60 ml / 4 polievkové lyžice arašidového oleja
1 mletý strúčik cesnaku
1 plátok koreňa zázvoru, jemne nasekaný
450 g / 1 libra lúpaných kreviet
30 ml / 2 lyžice ryžového vína alebo suchého sherry 225 g / 8 oz
vodných gaštanov, nakrájaných na plátky
30 ml / 2 polievkové lyžice sójovej omáčky
15 ml / 1 polievková lyžica kukuričnej múky (kukuričná múka)
45 ml / 3 polievkové lyžice vody

Rozpálime olej a opražíme cesnak a zázvor do svetlohneda. Pridajte krevety a smažte 1 minútu. Pridajte víno alebo sherry a dobre premiešajte. Pridajte vodné gaštany a smažte 5 minút. Pridáme ostatné ingrediencie a smažíme 2 minúty.

krevety wontons

pre 4 osoby

450 g ošúpaných kreviet na kúsky
225 g / 8 oz miešaná zelenina, nakrájaná
15 ml / 1 polievková lyžica sójovej omáčky
2,5 ml / ¬Ω lyžičky soli
pár kvapiek sezamového oleja
40 wontonových obalov
olej na vyprážanie

Zmiešajte krevety, zeleninu, sójovú omáčku, soľ a sezamový olej.

Ak chcete zložiť wontons, uchopte obal v dlani ľavej ruky a do stredu položte trochu plnky. Okraje navlhčite vajíčkom a zložte kožu do trojuholníka, pričom okraje utesnite. Rohy navlhčite vajíčkom a otočte.

Rozohrejte olej a opečte na ňom wontony po niekoľkých do zlatista. Pred podávaním dobre sceďte.

Abalone s kuracím mäsom

pre 4 osoby

400 g / 14 oz konzervované mušle
30 ml / 2 polievkové lyžice arašidového oleja
100 g / 4 oz kuracie prsia, nakrájané na kocky
100 g / 4 oz bambusové výhonky, nakrájané na plátky
250 ml / 8 fl oz / 1 šálka rybieho vývaru
15 ml / 1 polievková lyžica ryžového vína alebo suchého sherry
5 ml / 1 čajová lyžička cukru
2,5 ml / ¬Ω lyžičky soli
15 ml / 1 polievková lyžica kukuričnej múky (kukuričná múka)
45 ml / 3 polievkové lyžice vody

Sceďte a nakrájajte mušle, šťavu si nechajte. Zahrejte olej a opečte kurča do svetlohneda. Pridajte mušle a bambusové výhonky a smažte 1 minútu. Pridajte mušľovú tekutinu, vývar, víno alebo sherry, cukor a soľ, priveďte do varu a varte 2 minúty. Kukuričnú krupicu a vodu zmiešame na pastu a za stáleho miešania dusíme, kým sa omáčka nevyjasní a nezhustne. Podávajte naraz.

Abalone so špargľou

pre 4 osoby
10 sušených čínskych húb

30 ml / 2 polievkové lyžice arašidového oleja

15 ml / 1 polievková lyžica vody

225 g / 8 uncí špargle

2,5 ml / ¬Ω lyžičky rybacej omáčky

15 ml / 1 polievková lyžica kukuričnej múky (kukuričná múka)

225 g / 8 oz konzervované mušle, nakrájané na plátky

60 ml / 4 polievkové lyžice vývaru

¬Ω malá mrkva, nakrájaná na plátky

5 ml / 1 lyžička sójovej omáčky

5 ml / 1 ČL ustricovej omáčky

5 ml / 1 lyžička ryžového vína alebo suchého sherry

Huby namočíme na 30 minút do teplej vody a potom scedíme. Stonky vyhoďte. 15 ml / 1 polievková lyžica oleja zohrejeme s vodou a šampiňóny opekáme 10 minút. Medzitým uvaríme špargľu vo vriacej vode s rybacou omáčkou a 5 ml/1 ČL kukuričnej múky. Dobre sceďte a položte na zohriaty servírovací tanier s hubami. Udržujte ich v teple. Zohrejte zvyšok oleja a pár sekúnd opečte mušľu, potom pridajte vývar, mrkvu, sójovú omáčku, ustricovú omáčku, víno alebo sherry a zvyšok kukuričnej múky. Varte asi 5 minút do mäkka, potom špargľu polejte a podávajte.

Abalone s hubami

pre 4 osoby

6 sušených čínskych húb
400 g / 14 oz konzervované mušle
45 ml / 3 lyžice arašidového oleja (arašidový)
2,5 ml / ¬Ω lyžičky soli
15 ml / 1 polievková lyžica ryžového vína alebo suchého sherry
3 cibuľky (jarná cibuľka), nakrájané na hrubé plátky

Huby namočíme na 30 minút do teplej vody a potom scedíme. Vyhoďte stonky a odrežte vrcholy. Sceďte a nakrájajte mušle, šťavu si nechajte. Zahrejte olej a smažte soľ a huby 2 minúty. Pridajte mušľovú tekutinu a sherry, priveďte do varu, prikryte a duste 3 minúty. Pridáme mušľu a jarnú cibuľku a dusíme, kým sa nezohreje. Podávajte naraz.

Abalone s ustricovou omáčkou

pre 4 osoby

400 g / 14 oz konzervované mušle

15 ml / 1 polievková lyžica kukuričnej múky (kukuričná múka)
15 ml / 1 polievková lyžica sójovej omáčky
45 ml / 3 lyžice ustricovej omáčky
30 ml / 2 polievkové lyžice arašidového oleja
50 g / 2 oz údená šunka, nasekaná

Sceďte plechovku mušle a ponechajte si 90 ml / 6 polievkových lyžíc tekutiny. Zmiešajte to s kukuričným škrobom, sójovou omáčkou a ustricovou omáčkou. Rozpálime olej a scedenú mušľu opekáme 1 minútu. Pridajte omáčkovú zmes a za stáleho miešania varte asi 1 minútu, kým sa neprehreje. Preložíme na horúci servírovací tanier a podávame ozdobené šunkou.

dusené mušle

pre 4 osoby

24 mušlí

Mušle dobre potrieme a na niekoľko hodín namočíme do osolenej vody. Opláchnite pod tečúcou vodou a vložte do plytkej zapekacej nádoby. Položte na mriežku do parného hrnca, prikryte a duste nad vriacou vodou asi 10 minút, kým sa neotvoria všetky mušle. Tie, ktoré zostanú zatvorené, vyhoďte. Podávame s omáčkami.

Mušle s fazuľovými klíčkami

pre 4 osoby

24 mušlí
15 ml / 1 polievková lyžica arašidového oleja
150 g / 5 oz fazuľové klíčky
1 zelená paprika nakrájaná na prúžky
2 nadrobno nakrájané cibuľky (jarná cibuľka).
15 ml / 1 polievková lyžica ryžového vína alebo suchého sherry
soľ a čerstvo mleté korenie
2,5 ml / ¬Ω čajová lyžička sezamového oleja
50 g / 2 oz údená šunka, nasekaná

Mušle dobre potrieme a na niekoľko hodín namočíme do osolenej vody. Opláchnite pod tečúcou vodou. Hrniec s vodou privedieme do varu, pridáme mušle a pár minút podusíme, kým sa neotvoria. Vypustite a zlikvidujte všetko, čo zostalo zatvorené. Odstráňte mušle zo škrupiny.

Rozpálime olej a fazuľové klíčky opekáme 1 minútu. Pridajte papriku a jarnú cibuľku a smažte 2 minúty. Pridajte víno alebo sherry a dochuťte soľou a korením. Potom zahrejte mušle a miešajte, kým sa dobre nepremiešajú a neprehrejú. Preložíme na horúci servírovací tanier a podávame pokvapkané sezamovým olejom a šunkou.

Mušle so zázvorom a cesnakom

pre 4 osoby

24 mušlí

15 ml / 1 polievková lyžica arašidového oleja

2 plátky koreňa zázvoru, jemne nasekané

2 strúčiky cesnaku, mleté

15 ml / 1 polievková lyžica vody

5 ml / 1 čajová lyžička sezamového oleja

soľ a čerstvo mleté korenie

Mušle dobre potrieme a na niekoľko hodín namočíme do osolenej vody. Opláchnite pod tečúcou vodou. Zahrejte olej a 30 sekúnd smažte zázvor a cesnak. Pridajte mušle, vodu a sezamový olej, prikryte a varte asi 5 minút, kým sa mušle neotvoria. Tie, ktoré zostanú zatvorené, vyhoďte. Jemne dochutíme soľou a korením a ihneď podávame.

Pečené mušle

pre 4 osoby

24 mušlí

60 ml / 4 polievkové lyžice arašidového oleja

4 strúčiky cesnaku nakrájané nadrobno

1 nakrájanú cibuľu

2,5 ml / ¬Ω lyžičky soli

Mušle dobre potrieme a na niekoľko hodín namočíme do osolenej vody. Opláchnite pod tečúcou vodou a potom osušte. Rozpálime olej a opražíme cesnak, cibuľu a soľ do mäkka. Pridáme mušle, prikryjeme a dusíme asi 5 minút, kým sa neotvoria všetky škrupiny. Tie, ktoré zostanú zatvorené, vyhoďte. Jemne opekajte ďalšiu 1 minútu, pokvapkajte olejom.

raky

pre 4 osoby

225 g fazuľových klíčkov

60 ml / 4 lyžice arašidového oleja 100 g / 4 unce bambusových výhonkov, nakrájaných na prúžky

1 nakrájanú cibuľu

225 g / 8 oz krabie mäso, vločkované

4 vajcia, zľahka rozšľahané

15 ml / 1 polievková lyžica kukuričnej múky (kukuričná múka)

30 ml / 2 polievkové lyžice sójovej omáčky

soľ a čerstvo mleté korenie

Fazuľové klíčky blanšírujeme vo vriacej vode 4 minúty a scedíme. Zahrejte polovicu oleja a opečte fazuľové klíčky, bambusové výhonky a cibuľu do mäkka. Odstavíme z ohňa a zmiešame so zvyškom ingrediencií okrem oleja. Zohrejte zvyšný olej na čistej panvici a opečte na ňom lyžice zmesi krabieho mäsa, aby ste vytvorili malé koláčiky. Vyprážajte z oboch strán do zhnednutia a ihneď podávajte.

krabí puding

pre 4 osoby

225 g / 8 oz krabie mäso

5 rozšľahaných vajec

1 jarná cibuľka (šalotka) nakrájaná nadrobno

250 ml / 8 fl oz / 1 šálka vody

5 ml / 1 čajová lyžička soli

5 ml / 1 čajová lyžička sezamového oleja

Všetky ingrediencie dobre premiešame. Vložte do misy, prikryte a vložte do vane nad horúcou vodou alebo na parný hrniec. Dusíme asi 35 minút do pudingovej konzistencie za občasného miešania. Podávame s ryžou.

Čínske listové krabie mäso

pre 4 osoby

450 g / 1 lb čínskych listov, strúhaných
45 ml / 3 polievkové lyžice rastlinného oleja
2 nadrobno nakrájané cibuľky (jarná cibuľka).
225 g / 8 oz krabie mäso
15 ml / 1 polievková lyžica sójovej omáčky
15 ml / 1 polievková lyžica ryžového vína alebo suchého sherry
5 ml / 1 čajová lyžička soli

Čínske listy blanšírujeme vo vriacej vode 2 minúty, dobre scedíme a prepláchneme studenou vodou. Rozpálime olej a opražíme jarnú cibuľku do svetlohneda. Pridajte krabie mäso a smažte 2 minúty. Pridajte čínske listy a smažte 4 minúty. Pridajte sójovú omáčku, víno alebo sherry a soľ a dobre premiešajte. Pridajte vývar a maizenu, priveďte do varu a za stáleho miešania varte 2 minúty, kým sa omáčka nevyjasní a nezhustne.

Krab Foo Yung s fazuľovými klíčkami

pre 4 osoby

6 rozšľahaných vajec
45 ml / 3 lyžice kukuričnej múky (kukuričná múka)
225 g / 8 oz krabie mäso
100 g fazuľových klíčkov
2 scallions (scallions), jemne nasekané
2,5 ml / ¬Ω lyžičky soli
45 ml / 3 lyžice arašidového oleja (arašidový)

Rozšľahajte vajcia a potom pridajte kukuričnú múku. Zmiešajte ostatné ingrediencie okrem oleja. Zohrejte olej a zmes po troškách nalejte na panvicu, aby ste vytvorili malé placky široké asi 7,5 cm. Varte, kým spodná strana nezhnedne, potom otočte a opečte druhú stranu.

Krab so zázvorom

pre 4 osoby

15 ml / 1 polievková lyžica arašidového oleja
2 plátky koreňa zázvoru, jemne nasekané
4 nadrobno nakrájané cibuľky (jarná cibuľka).
3 strúčiky cesnaku, mleté
1 nasekaná červená čili papričká
350 g / 12 oz krabie mäso, vločkované
2,5 ml / ¬Ω lyžičky rybej pasty
2,5 ml / ¬Ω čajová lyžička sezamového oleja
15 ml / 1 polievková lyžica ryžového vína alebo suchého sherry
5 ml / 1 ČL kukuričnej múky (kukuričná múka)
15 ml / 1 polievková lyžica vody

Rozpálime olej a 2 minúty opekáme zázvor, jarnú cibuľku, cesnak a chilli. Pridajte krabie mäso a miešajte, kým nie je dobre pokryté korením. Pridajte rybiu pastu. Zvyšné ingrediencie zmiešajte na pastu, potom ich vložte do panvice a varte 1 minútu. Podávajte naraz.

Krab Lo Mein

pre 4 osoby

100 g fazuľových klíčkov
30 ml / 2 polievkové lyžice arašidového oleja
5 ml / 1 čajová lyžička soli
1 nakrájanú cibuľu
100 g šampiňónov nakrájaných na plátky
225 g / 8 oz krabie mäso, vločkované
100 g / 4 oz bambusové výhonky, nakrájané na plátky
Pečené rezance
30 ml / 2 polievkové lyžice sójovej omáčky
5 ml / 1 čajová lyžička cukru
5 ml / 1 čajová lyžička sezamového oleja
soľ a čerstvo mleté korenie

Fazuľové klíčky blanšírujeme vo vriacej vode 5 minút a scedíme. Rozpálime olej a opražíme soľ a cibuľu do mäkka. Pridáme huby a varíme do mäkka. Pridajte krabie mäso a smažte 2 minúty. Pridajte fazuľové klíčky a bambusové výhonky a smažte 1 minútu. Do panvice pridajte scedené rezance a jemne premiešajte. Zmiešajte sójovú omáčku, cukor a sezamový olej a dochuťte soľou a korením. Miešajte na panvici, kým sa nezahreje.

Pečený krab s bravčovým mäsom

pre 4 osoby

30 ml / 2 polievkové lyžice arašidového oleja
100 g mletého bravčového mäsa (mleté)
350 g / 12 oz krabie mäso, vločkované
2 plátky koreňa zázvoru, jemne nasekané
2 vajcia, zľahka rozšľahané
15 ml / 1 polievková lyžica sójovej omáčky
15 ml / 1 polievková lyžica ryžového vína alebo suchého sherry
30 ml / 2 polievkové lyžice vody
soľ a čerstvo mleté korenie
4 scallions (scallions), nakrájané na prúžky

Zahrejte olej a opečte bravčové mäso do svetlej farby. Pridajte krabie mäso a zázvor a varte 1 minútu. Pridajte vajcia. Pridajte sójovú omáčku, víno alebo sherry, vodu, soľ a korenie a za stáleho miešania varte asi 4 minúty. Podávame ozdobené pažítkou.

Vyprážané krabie mäso

pre 4 osoby

30 ml / 2 polievkové lyžice arašidového oleja
450g/1lb krabie mäso, vločkované
2 nadrobno nakrájané cibuľky (jarná cibuľka).
2 plátky koreňa zázvoru, jemne nasekané
30 ml / 2 polievkové lyžice sójovej omáčky
30 ml / 2 polievkové lyžice ryžového vína alebo suchého sherry
2,5 ml / ¬Ω lyžičky soli
15 ml / 1 polievková lyžica kukuričnej múky (kukuričná múka)
60 ml / 4 polievkové lyžice vody

Rozpálime olej a 1 minútu opekáme krabie mäso, jarnú cibuľku a zázvor. Pridajte sójovú omáčku, víno alebo sherry a soľ, prikryte a duste 3 minúty. Kukuričnú krupicu a vodu zmiešame na pastu, vmiešame do panvice a za stáleho miešania dusíme, kým omáčka nebude číra a hustá.

vyprážané kalamáre

pre 4 osoby

450 g / 1 lb chobotnice

50 g bravčovej masti, drvenej

1 vaječný bielok

2,5 ml / ¬Ω lyžičky cukru

2,5 ml / ¬Ω lyžičky kukuričnej múky (kukuričný škrob)

soľ a čerstvo mleté korenie

olej na vyprážanie

Kalmáre nakrájame a pomelieme alebo rozdrvíme na kašu. Zmiešame s bravčovou masťou, bielkom, cukrom a kukuričnou múkou a dochutíme soľou a korením. Zmes roztlačíme do guľôčok. Zohrejte olej a opekajte na ňom guľôčky kalamára, ak je to potrebné, po dávkach, kým nevyplávajú na povrch oleja a nie sú zlatohnedé. Dobre sceďte a ihneď podávajte.

kantonský homár

pre 4 osoby

2 homáre

30 ml / 2 polievkové lyžice oleja

15 ml / 1 polievková lyžica omáčky z čiernej fazule

1 rozdrvený strúčik cesnaku

1 nakrájanú cibuľu

225 g / 8 oz mleté bravčové mäso (mleté)

45 ml / 3 lyžice sójovej omáčky

5 ml / 1 čajová lyžička cukru

soľ a čerstvo mleté korenie

15 ml / 1 polievková lyžica kukuričnej múky (kukuričná múka)

75 ml / 5 polievkových lyžíc vody

1 rozšľahané vajce

Rozdeľte homáre, odstráňte dužinu a nakrájajte na 1 palcové kocky. Zohrejte olej a opečte omáčku z čiernej fazule, cesnak a cibuľu do svetlohneda. Pridajte bravčové mäso a varte, kým nezhnedne. Pridáme sójovú omáčku, cukor, soľ, korenie a homára, prikryjeme a dusíme asi 10 minút. Kukuričnú krupicu a vodu zmiešame na pastu, vmiešame do panvice a za stáleho miešania dusíme, kým sa omáčka nevyjasní a nezhustne. Pred podávaním vypnite oheň a pridajte vajíčko.

vyprážaný homár

pre 4 osoby

450 g mäsa z homára
30 ml / 2 polievkové lyžice sójovej omáčky
5 ml / 1 čajová lyžička cukru
1 rozšľahané vajce
30 ml / 3 polievkové lyžice univerzálnej múky
olej na vyprážanie

Mäso z homára nakrájame na kocky 2,5 cm/1 a zmiešame so sójovou omáčkou a cukrom. Nechajte 15 minút postáť a potom sceďte. Vajíčko a múku rozšľaháme, potom pridáme homára a dobre premiešame, aby sa obalil. Rozohrejte olej a homáre opečte do zlatista. Pred podávaním sceďte na kuchynskom papieri.

Dusený homár so šunkou

pre 4 osoby

4 vajcia, zľahka rozšľahané
60 ml / 4 polievkové lyžice vody
5 ml / 1 čajová lyžička soli
15 ml / 1 polievková lyžica sójovej omáčky
450 g mäsa z homára vo vločkách
15 ml / 1 polievková lyžica nakrájanej údenej šunky
15 ml / 1 polievková lyžica nasekanej čerstvej petržlenovej vňate

Vajcia rozšľaháme s vodou, soľou a sójovou omáčkou. Nalejte do zapekacej misy a posypte mäsom z homára. Misku položte na mriežku v parnom hrnci, prikryte a duste 20 minút, kým vajcia nestuhnú. Podávame ozdobené šunkou a petržlenovou vňaťou.

Homár s hubami

pre 4 osoby

450 g mäsa z homára

15 ml / 1 polievková lyžica kukuričnej múky (kukuričná múka)

60 ml / 4 polievkové lyžice vody

30 ml / 2 polievkové lyžice arašidového oleja

4 cibuľky (jarná cibuľka), nakrájané na hrubé plátky

100 g šampiňónov nakrájaných na plátky

2,5 ml / ¬Ω lyžičky soli

1 rozdrvený strúčik cesnaku

30 ml / 2 polievkové lyžice sójovej omáčky

15 ml / 1 polievková lyžica ryžového vína alebo suchého sherry

Mäso z homára nakrájame na 1 palcové kocky. Zmiešajte kukuričnú múčku a vodu na pastu a do zmesi vložte kocky homára, aby sa obalili. Zahrejte polovicu oleja a opečte kocky homára do svetlozlatista, vyberte z panvice. Zohrejeme zvyšok oleja a opražíme jarnú cibuľku do svetlohneda. Pridajte huby a smažte 3 minúty. Pridajte soľ, cesnak, sójovú omáčku a víno alebo sherry a varte 2 minúty. Vráťte homára na panvicu a varte, kým sa nezahreje.

Homáre chvosty s bravčovým mäsom

pre 4 osoby

3 sušené čínske huby
4 chvosty homára
60 ml / 4 polievkové lyžice arašidového oleja
100 g mletého bravčového mäsa (mleté)
50 g vodných gaštanov nasekaných nadrobno
soľ a čerstvo mleté korenie
2 strúčiky cesnaku, mleté
45 ml / 3 lyžice sójovej omáčky
30 ml / 2 polievkové lyžice ryžového vína alebo suchého sherry
30 ml / 2 polievkové lyžice omáčky z čiernej fazule
10 ml / 2 polievkové lyžice kukuričnej múky (kukuričná múka)
120 ml / 4 fl oz / ¬Ω šálka vody

Huby namočíme na 30 minút do teplej vody a potom scedíme. Vyhoďte stonky a nakrájajte vrcholy. Rozrežte chvosty homára pozdĺžne na polovicu. Odstráňte mäso z chvostov homára, pričom si ponechajte škrupiny. Zahrejte polovicu oleja a opečte bravčové mäso do svetlej farby. Odstráňte z tepla a primiešajte huby, mäso z homára, vodné gaštany, soľ a korenie. Mäso zatlačíme späť do ulít homára a vložíme do pekáča. Položte na mriežku do parného hrnca, prikryte a duste asi 20 minút, kým nezmäkne. Medzitým zohrejte zvyšný olej a opečte na ňom cesnak, sójovú omáčku, víno alebo sherry a omáčku z čiernej fazule 2 minúty. Zmiešajte kukuričnú krupicu a vodu, kým vám nevznikne pasta, vhoďte ju na panvicu a za stáleho miešania nechajte dusiť, kým omáčka nezhustne. Položte homára na horúci servírovací tanier,

Pečený homár

pre 4 osoby

450 g homích chvostov
30 ml / 2 polievkové lyžice arašidového oleja
1 rozdrvený strúčik cesnaku
2,5 ml / ¬Ω lyžičky soli
350 g fazuľových klíčkov
50 g / 2 oz húb
4 cibuľky (jarná cibuľka), nakrájané na hrubé plátky
150 ml / ¬° pt / štedrá ¬Ω šálka kuracieho vývaru
15 ml / 1 polievková lyžica kukuričnej múky (kukuričná múka)

Priveďte do varu hrniec s vodou, pridajte chvosty homára a varte 1 minútu. Scedíme, necháme vychladnúť, zbavíme kože a nakrájame na hrubšie plátky. Zahrejte olej s cesnakom a soľou a smažte, kým cesnak nie je svetlohnedý. Pridajte homára a smažte 1 minútu. Pridajte fazuľové klíčky a huby a smažte 1 minútu. Pridajte pažítku. Pridajte väčšinu vývaru, priveďte do varu, prikryte a duste 3 minúty. Kukuričnú krupicu zmiešame so zvyšným vývarom, vmiešame do panvice a za stáleho miešania dusíme, kým sa omáčka nevyjasní a nezhustne.

hniezda homárov

pre 4 osoby

30 ml / 2 polievkové lyžice arašidového oleja
5 ml / 1 čajová lyžička soli
1 cibuľu nakrájanú nadrobno
100 g šampiňónov nakrájaných na plátky
100 g / 4 oz bambusové výhonky, nakrájané na plátky 225 g / 8 oz varené mäso z homára
15 ml / 1 polievková lyžica ryžového vína alebo suchého sherry
120 ml / 4 fl oz / ¬Ω šálka kuracieho vývaru
štipka čerstvo mletého korenia
10 ml / 2 čajové lyžičky kukuričnej múky (kukuričná múka)
15 ml / 1 polievková lyžica vody
4 košíky rezancov

Rozpálime olej a opražíme soľ a cibuľu do mäkka. Pridajte huby a bambusové výhonky a smažte 2 minúty. Pridajte mäso z homára, víno alebo sherry a vývar, priveďte do varu, prikryte a duste 2 minúty. Dochutíme korením. Kukuričnú krupicu a vodu zmiešame na pastu, vmiešame do panvice a za stáleho miešania dusíme, kým omáčka nezhustne. Naaranžujte rezancové hniezda na horúci servírovací tanier a ozdobte homármi.

Mušle v omáčke z čiernej fazule

pre 4 osoby

45 ml / 3 lyžice arašidového oleja (arašidový)
2 strúčiky cesnaku, mleté
2 plátky koreňa zázvoru, jemne nasekané
30 ml / 2 polievkové lyžice omáčky z čiernej fazule
15 ml / 1 polievková lyžica sójovej omáčky
1,5 kg / 3 lb mušle, umyté a fúzaté
2 nadrobno nakrájané cibuľky (jarná cibuľka).

Zahrejte olej a opečte cesnak a zázvor 30 sekúnd. Pridajte omáčku z čiernej fazule a sójovú omáčku a varte 10 sekúnd. Pridajte mušle, prikryte a varte asi 6 minút, kým sa mušle neotvoria. Tie, ktoré zostanú zatvorené, vyhoďte. Preložíme na horúci servírovací tanier a podávame posypané pažítkou.

Mušle so zázvorom

pre 4 osoby

45 ml / 3 lyžice arašidového oleja (arašidový)

2 strúčiky cesnaku, mleté

4 plátky koreňa zázvoru, jemne nasekané

1,5 kg / 3 lb mušle, umyté a fúzaté

45 ml / 3 polievkové lyžice vody

15 ml / 1 polievková lyžica ustricovej omáčky

Zahrejte olej a opečte cesnak a zázvor 30 sekúnd. Pridajte mušle a vodu, prikryte a varte asi 6 minút, kým sa mušle neotvoria. Tie, ktoré zostanú zatvorené, vyhoďte. Preložíme na horúci servírovací tanier a podávame poliate ustricovou omáčkou.

Dusené mušle

pre 4 osoby

1,5 kg / 3 lb mušle, umyté a fúzaté
45 ml / 3 lyžice sójovej omáčky
3 cibuľky (jarná cibuľka), nakrájané nadrobno

Mušle dáme na mriežku do parného hrnca, prikryjeme a dusíme nad vriacou vodou asi 10 minút, kým sa všetky mušle neotvoria. Tie, ktoré zostanú zatvorené, vyhoďte. Preložíme na horúci servírovací tanier a podávame posypané sójovou omáčkou a cibuľkou.

Pečené ustrice

pre 4 osoby

24 vylúpaných ustríc

soľ a čerstvo mleté korenie

1 rozšľahané vajce

50 g / 2 oz / ¬Ω šálka univerzálnej múky

250 ml / 8 fl oz / 1 šálka vody

olej na vyprážanie

4 nadrobno nakrájané cibuľky (jarná cibuľka).

Posypte hlivu soľou a korením. Vajíčko rozšľaháme s múkou a vodou na cesto a prikryjeme ním hlivu. Rozpálime olej a opečieme hlivu do zlatista. Scedíme na kuchynskom papieri a podávame ozdobené jarnou cibuľkou.

Ustrice so slaninou

pre 4 osoby

175 g / 6 oz slaniny
24 vylúpaných ustríc
1 vajce, zľahka rozšľahané
15 ml / 1 polievková lyžica vody
45 ml / 3 lyžice arašidového oleja (arašidový)
2 nakrájané cibule
15 ml / 1 polievková lyžica kukuričnej múky (kukuričná múka)
15 ml / 1 polievková lyžica sójovej omáčky
90 ml / 6 polievkových lyžíc kuracieho vývaru

Slaninu pokrájame na kúsky a omotáme po jednom kuse každú hlivu. Vajíčko rozšľaháme s vodou a potom ho ponoríme do ustríc, aby sa obalili. Polovicu oleja rozohrejeme a hlivu opečieme z oboch strán do svetlohneda, vyberieme z panvice a scedíme tuk. Zohrejeme zvyšok oleja a opražíme cibuľu do mäkka. Kukuričnú krupicu, sójovú omáčku a vývar zmiešame na pastu, nalejeme na panvicu a za stáleho miešania dusíme, kým sa omáčka nevyjasní a nezhustne. Nalejte na ustrice a ihneď podávajte.

Vyprážané ustrice so zázvorom

pre 4 osoby

24 vylúpaných ustríc

2 plátky koreňa zázvoru, jemne nasekané

30 ml / 2 polievkové lyžice sójovej omáčky

15 ml / 1 polievková lyžica ryžového vína alebo suchého sherry

4 scallions (scallions), nakrájané na prúžky

100 gramov slaniny

1 vajce

50 g / 2 oz / ¬Ω šálka univerzálnej múky

soľ a čerstvo mleté korenie

olej na vyprážanie

1 citrón nakrájaný na kolieska

Vložte ustrice do misky so zázvorom, sójovou omáčkou a vínom alebo sherry a dobre premiešajte. Nechajte 30 minút odstáť. Na každú hlivu položte niekoľko prúžkov jarnej cibuľky. Slaninu pokrájame na kúsky a omotáme po jednom kuse každú hlivu. Vajíčko a múku vyšľaháme na cesto a dochutíme soľou a korením. Namáčajte ustrice v cestíčku, kým nebudú dobre pokryté. Rozpálime olej a opečieme hlivu do zlatista. Podávame ozdobené kolieskami citróna.

Ustrice s omáčkou z čiernej fazule

pre 4 osoby

350 g vylúpaných ustríc
120 ml / 4 fl oz / ¬Ω šálka arašidového oleja (arašidy)
2 strúčiky cesnaku, mleté
3 cibuľky (jarná cibuľka), nakrájané na plátky
15 ml / 1 polievková lyžica omáčky z čiernej fazule
30 ml / 2 polievkové lyžice tmavej sójovej omáčky
15 ml / 1 polievková lyžica sezamového oleja
štipka čili prášku

Blanšírujte ustrice vo vriacej vode po dobu 30 sekúnd a potom sceďte. Rozohrejte olej a opečte na ňom cesnak a jarnú cibuľku 30 sekúnd. Pridajte omáčku z čiernej fazule, sójovú omáčku, sezamový olej a ustrice a dochuťte čili práškom. Vyprážajte do veľmi horúceho stavu a ihneď podávajte.

Hrebenatka s bambusovými výhonkami

pre 4 osoby

60 ml / 4 polievkové lyžice arašidového oleja
6 cibuľky (jarnej cibuľky), nakrájanej nadrobno
225 g šampiňónov nakrájaných na štvrtiny
15 ml / 1 polievková lyžica cukru
450 g / 1 libra lúpaných mušlí
2 plátky koreňa zázvoru, jemne nasekané
225 g / 8 oz bambusové výhonky, nakrájané na plátky
soľ a čerstvo mleté korenie
300 ml / ¬Ω pt / 1 ¬° šálky vody
30 ml / 2 lyžice vínneho octu
30 ml / 2 polievkové lyžice kukuričnej múky (kukuričná múka)
150 ml / ¬° pt / štedrá ¬Ω šálka vody
45 ml / 3 lyžice sójovej omáčky

Rozpálime olej a 2 minúty opekáme jarnú cibuľku a šampiňóny. Pridajte cukor, mušle, zázvor, bambusové výhonky, soľ a korenie, prikryte a varte 5 minút. Pridajte vodu a vínny ocot, priveďte do varu, prikryte a duste 5 minút. Kukuričnú krupicu a vodu zmiešame na pastu, vmiešame do panvice a za stáleho miešania dusíme, kým omáčka nezhustne. Dochutíme sójovou omáčkou a podávame.

Hrebenatka s vajcom

pre 4 osoby

45 ml / 3 lyžice arašidového oleja (arašidový)

350 g olúpaných mušlí

25 g/1 oz údená šunka, nasekaná

30 ml / 2 polievkové lyžice ryžového vína alebo suchého sherry

5 ml / 1 čajová lyžička cukru

2,5 ml / ¬Ω lyžičky soli

štipka čerstvo mletého korenia

2 vajcia, zľahka rozšľahané

15 ml / 1 polievková lyžica sójovej omáčky

Zahrejte olej a smažte mušle 30 sekúnd. Pridajte šunku a smažte 1 minútu. Pridajte víno alebo sherry, cukor, soľ a korenie a varte 1 minútu. Pridajte vajcia a jemne miešajte na vysokej teplote, kým sa ingrediencie dobre nepotiahnu vajcom. Podávame posypané sójovou omáčkou.

Hrebenatka s brokolicou

pre 4 osoby

350 g hrebenatky, nakrájané na plátky

3 plátky koreňa zázvoru, jemne nasekané

¬Ω malá mrkva, nakrájaná na plátky

1 rozdrvený strúčik cesnaku

45 ml / 3 lyžice hladkej múky (univerzálne)

2,5 ml / ¬Ω čajovej lyžičky sódy bikarbóny (jedlej sódy)

30 ml / 2 polievkové lyžice arašidového oleja

15 ml / 1 polievková lyžica vody

1 nakrájaný banán

olej na vyprážanie

275 g / 10 oz brokolice

Slaný

5 ml / 1 čajová lyžička sezamového oleja

2,5 ml / ¬Ω čajová lyžička chilli omáčky

2,5 ml / ¬Ω lyžičky vínneho octu

2,5 ml / ¬Ω čajová lyžička paradajkového pretlaku (pasta)

Zmiešajte mušle so zázvorom, mrkvou a cesnakom a nechajte odstáť. Múku, prášok do pečiva, 15 ml/1 ČL oleja a vodu zmiešame na pastu, ktorou obalíme plátky banánu. Zohrejte olej a opečte banány do zlatista, sceďte a poukladajte na horúci servírovací tanier. Medzitým uvaríme brokolicu vo vriacej osolenej vode al dente a scedíme. Zvyšný olej rozohrejeme so sezamovým olejom a brokolicu krátko orestujeme a potom položíme okolo taniera s plantainmi. Pridajte chilli omáčku, vínny ocot a paradajkový pretlak na panvicu a smažte mušle, kým nie sú hotové. Lyžičkou nalejte do servírovacej misky a ihneď podávajte.

Hrebenatka so zázvorom

pre 4 osoby

45 ml / 3 lyžice arašidového oleja (arašidový)
2,5 ml / ¬Ω lyžičky soli
3 plátky koreňa zázvoru, jemne nasekané
2 cibuľky (jarná cibuľka), nakrájané na hrubé plátky
450 g olúpaných mušlí, rozpolených
15 ml / 1 polievková lyžica kukuričnej múky (kukuričná múka)
60 ml / 4 polievkové lyžice vody

Zahrejte olej a smažte soľ a zázvor po dobu 30 sekúnd. Pridajte pažítku a opečte do svetlohneda. Pridajte mušle a smažte 3 minúty. Kukuričnú krupicu a vodu zmiešajte na pastu, pridajte do panvice a na miernom ohni za stáleho miešania varte do zhustnutia. Podávajte naraz.

Hrebenatka so šunkou

pre 4 osoby

450 g olúpaných mušlí, rozpolených
250 ml / 8 fl oz / 1 šálka ryžového vína alebo suchého sherry
1 cibuľa nakrájaná nadrobno
2 plátky koreňa zázvoru, jemne nasekané
2,5 ml / ¬Ω lyžičky soli
100 g / 4 oz údená šunka, nasekaná

Vložte mušle do misky a pridajte víno alebo sherry. Zakryte a marinujte 30 minút, občas otočte, sceďte mušle a zlikvidujte marinádu. Hrebenatky vložíme do zapekacej misy so zvyškom surovín. Položte misku na mriežku v parnom hrnci, prikryte a duste nad vriacou vodou asi 6 minút, kým mušle nezmäknú.

Miešané vajcia s mušľami a bylinkami

pre 4 osoby

225 g olúpaných mušlí
30 ml / 2 polievkové lyžice nasekaného čerstvého koriandra
4 rozšľahané vajcia
15 ml / 1 polievková lyžica ryžového vína alebo suchého sherry
soľ a čerstvo mleté korenie
15 ml / 1 polievková lyžica arašidového oleja

Umiestnite mušle do parného hrnca a varte ich v pare asi 3 minúty, v závislosti od veľkosti, kým sa neuvaria. Vyberte z parného hrnca a posypte koriandrom. Vajíčka rozšľaháme s vínom alebo sherry a dochutíme soľou a korením. Pridajte mušle a koriander. Rozohrejte olej a za stáleho miešania smažte zmes vajec a hrebenatky, kým vajcia nestuhnú. Ihneď podávajte.

Vyprážané hrebenatky a cibuľa

pre 4 osoby
45 ml / 3 lyžice arašidového oleja (arašidový)

1 nakrájanú cibuľu

450 g olúpaných mušlí, nakrájaných na štvrtiny

soľ a čerstvo mleté korenie

15 ml / 1 polievková lyžica ryžového vína alebo suchého sherry

Rozpálime olej a opražíme cibuľu do mäkka. Pridajte mušle a smažte, kým jemne nezhnednú. Dochutíme soľou, korením, podlejeme vínom alebo sherry a ihneď podávame.

Hrebenatka so zeleninou

za 4'6

4 sušené čínske huby

2 cibule

30 ml / 2 polievkové lyžice arašidového oleja

3 stonky zeleru, nakrájané diagonálne

225 g zelenej fazuľky, šikmo nakrájanej

10 ml / 2 čajové lyžičky strúhaného koreňa zázvoru

1 rozdrvený strúčik cesnaku

20 ml / 4 čajové lyžičky kukuričnej múky (kukuričná múka)

250 ml / 8 fl oz / 1 šálka kuracieho vývaru

30 ml / 2 polievkové lyžice ryžového vína alebo suchého sherry

30 ml / 2 polievkové lyžice sójovej omáčky

450 g olúpaných mušlí, nakrájaných na štvrtiny

6 cibuľky (jarnej cibuľky), nakrájanej na plátky

425 g / 15 oz konzerva kukuričného klasu

Huby namočíme na 30 minút do teplej vody a potom scedíme. Vyhoďte stonky a odrežte vrcholy. Cibuľu nakrájajte na kolieska a oddeľte vrstvy. Rozpálime olej a opražíme na ňom cibuľu, zeler, fazuľu, zázvor a cesnak 3 minúty. Zmiešajte kukuričnú múku s trochou vývaru a premiešajte so zvyšným vývarom, vínom alebo sherry a sójovou omáčkou. Pridajte do woku a za stáleho miešania priveďte do varu. Pridajte huby, mušle, cibuľku a kukuricu a varte asi 5 minút, kým mušle nezmäknú.

Hrebenatka s paprikou

pre 4 osoby

30 ml / 2 polievkové lyžice arašidového oleja

3 cibuľky (jarná cibuľka), nakrájané nadrobno

1 rozdrvený strúčik cesnaku

2 plátky koreňa zázvoru, jemne nasekané

2 červené papriky nakrájané na kocky

450 g / 1 libra lúpaných mušlí

30 ml / 2 polievkové lyžice ryžového vína alebo suchého sherry

15 ml / 1 polievková lyžica sójovej omáčky

15 ml / 1 polievková lyžica omáčky zo žltých fazúľ

5 ml / 1 čajová lyžička cukru

5 ml / 1 čajová lyžička sezamového oleja

Rozpálime olej a 30 sekúnd opekáme jarnú cibuľku, cesnak a zázvor. Pridajte papriku a smažte 1 minútu. Pridajte mušle a varte 30 sekúnd, potom pridajte zvyšné ingrediencie a varte asi 3 minúty, kým mušle nezmäknú.

Kalmáre s fazuľovými klíčkami

pre 4 osoby

450 g / 1 lb chobotnice
30 ml / 2 polievkové lyžice arašidového oleja
15 ml / 1 polievková lyžica ryžového vína alebo suchého sherry
100 g fazuľových klíčkov
15 ml / 1 polievková lyžica sójovej omáčky
Slaný
1 červená paprika, strúhaná
2 plátky koreňa zázvoru, strúhaný
2 nastrúhané cibuľky (jarná cibuľka).

Z chobotnice odstráňte hlavu, vnútornosti a blanu a nakrájajte na veľké kusy. Na každý kus vystrihnite krížový vzor. Hrniec s vodou priveďte do varu, pridajte chobotnicu a varte na miernom ohni, kým sa kúsky nezrolujú, vyberte a sceďte. Zahrejte polovicu oleja a rýchlo opečte chobotnice. Podlejeme vínom alebo sherry. Medzitým rozohrejeme zvyšný olej a opražíme fazuľové klíčky do mäkka. Dochutíme sójovou omáčkou a soľou. Rozložte chilli, zázvor a jarnú cibuľku okolo servírovacieho taniera. Do stredu naukladajte fazuľové klíčky a navrch dajte chobotnice. Podávajte naraz.

vyprážané chobotnice

pre 4 osoby

50 g univerzálnej múky

25 g / 1 oz / ¬° šálka kukuričnej múky (kukuričný škrob)

2,5 ml / ¬Ω čajovej lyžičky sódy bikarbóny

2,5 ml / ¬Ω lyžičky soli

1 vajce

75 ml / 5 polievkových lyžíc vody

15 ml / 1 polievková lyžica arašidového oleja

450 g chobotnice nakrájanej na krúžky

olej na vyprážanie

Múku, kukuričný škrob, prášok do pečiva, soľ, vajce, vodu a olej vymiešame na cesto. Ponorte chobotnice v cestíčku, kým nebudú dobre pokryté. Zohrejte olej a opekajte chobotnice po niekoľkých kúskoch do zlatista. Pred podávaním sceďte na kuchynskom papieri.

chobotnicové balíčky

pre 4 osoby

8 sušených čínskych húb
450 g / 1 lb chobotnice
100 g / 4 oz údená šunka
100 g / 4 oz tofu
1 rozšľahané vajce
15 ml / 1 polievková lyžica univerzálnej múky
2,5 ml / ¬Ω lyžičky cukru
2,5 ml / ¬Ω čajová lyžička sezamového oleja
soľ a čerstvo mleté korenie
8 wontonových obalov
olej na vyprážanie

Huby namočíme na 30 minút do teplej vody a potom scedíme. Stonky vyhoďte. Chobotnice ošúpeme a nakrájame na 8 kúskov. Šunku a tofu nakrájame na 8 kúskov. Dajte ich všetky do misy. Vajíčko zmiešame s múkou, cukrom, sezamovým olejom, soľou a korením. Suroviny nalejte do misky a jemne premiešajte. Umiestnite čiapku šampiňónov a kúsok chobotnice, šunky a tofu tesne pod stred každého wonton obalu. Prehnite spodný roh, prehnite strany, potom zrolujte a navlhčite okraje vodou, aby sa utesnili. Rozpálime olej a hrudky opekáme asi 8 minút do zlatista. Pred podávaním dobre sceďte.

vyprážané kalamáre

pre 4 osoby

45 ml / 3 lyžice arašidového oleja (arašidový)
225g / 8oz krúžky na chobotnice
1 veľká zelená paprika, nakrájaná na kocky
100 g / 4 oz bambusové výhonky, nakrájané na plátky
2 scallions (scallions), jemne nasekané
1 plátok koreňa zázvoru, jemne nasekaný
45 ml / 2 polievkové lyžice sójovej omáčky
30 ml / 2 polievkové lyžice ryžového vína alebo suchého sherry
15 ml / 1 polievková lyžica kukuričnej múky (kukuričná múka)
15 ml / 1 polievková lyžica rybieho vývaru alebo vody
5 ml / 1 čajová lyžička cukru
5 ml / 1 lyžička vínneho octu
5 ml / 1 čajová lyžička sezamového oleja
soľ a čerstvo mleté korenie

Zahrejte 15 ml / 1 polievkovú lyžicu oleja a rýchlo opečte chobotnice, kým sa dobre neuzavrú. Medzitým na samostatnej panvici zohrejte zvyšok oleja a 2 minúty opečte papriku, bambusové výhonky, jarnú cibuľku a zázvor. Pridajte chobotnicu a smažte 1 minútu. Pridajte sójovú omáčku, víno alebo sherry, maizenu, vývar, cukor, vínny ocot a sezamový olej a dochuťte soľou a korením. Restujeme, kým sa omáčka nevyjasní a nezhustne.

Vyprážané kalamáre

pre 4 osoby

45 ml / 3 lyžice arašidového oleja (arašidový)
3 cibuľky (jarná cibuľka), nakrájané na hrubé plátky
2 plátky koreňa zázvoru, jemne nasekané
450 g chobotnice, nakrájané na kocky
15 ml / 1 polievková lyžica sójovej omáčky
15 ml / 1 polievková lyžica ryžového vína alebo suchého sherry
5 ml / 1 ČL kukuričnej múky (kukuričná múka)
15 ml / 1 polievková lyžica vody

Rozpálime olej a opražíme jarnú cibuľku a zázvor do mäkka. Pridajte chobotnice a smažte, kým sa nepotiahnu olejom. Pridáme sójovú omáčku a víno alebo sherry, prikryjeme a dusíme 2 minúty. Kukuričnú krupicu a vodu zmiešame na pastu, pridáme do panvice a na miernom ohni za stáleho miešania varíme, kým omáčka nezhustne a chobotnice nezmäknú.

Chobotnica so sušenými hubami

pre 4 osoby

50 g / 2 oz sušených čínskych húb
450g / 1lb krúžky chobotnice
45 ml / 3 lyžice arašidového oleja (arašidový)
45 ml / 3 lyžice sójovej omáčky
2 scallions (scallions), jemne nasekané
1 plátok koreňa zázvoru, jemne nasekaný
225 g bambusových výhonkov nakrájaných na prúžky
30 ml / 2 polievkové lyžice kukuričnej múky (kukuričná múka)
150 ml / ¬° pt / štedrá ¬Ω šálka rybieho vývaru

Huby namočíme na 30 minút do teplej vody a potom scedíme. Vyhoďte stonky a odrežte vrcholy. Kalmáre varte niekoľko sekúnd vo vriacej vode. Rozpálime olej, pridáme šampiňóny, sójovú omáčku, jarnú cibuľku a zázvor a opekáme 2 minúty. Pridajte chobotnice a bambusové výhonky a smažte 2 minúty. Zmiešajte kukuričnú múku a vývar a vmiešajte do panvice. Na miernom ohni za stáleho miešania dusíme, kým sa omáčka nevyjasní a nezhustne.

Chobotnice so zeleninou

pre 4 osoby

45 ml / 3 lyžice arašidového oleja (arašidový)

1 nakrájanú cibuľu

5 ml / 1 čajová lyžička soli

450 g chobotnice, nakrájané na kocky

100 g / 4 oz bambusové výhonky, nakrájané na plátky

2 stonky zeleru, nakrájané diagonálne

60 ml / 4 polievkové lyžice kuracieho vývaru

5 ml / 1 čajová lyžička cukru

100 g cukrového hrášku

5 ml / 1 ČL kukuričnej múky (kukuričná múka)

15 ml / 1 polievková lyžica vody

Rozpálime olej a opražíme cibuľu a soľ do svetlohneda. Pridajte chobotnice a smažte, kým nie sú ponorené v oleji. Pridajte bambusové výhonky a zeler a smažte 3 minúty. Pridajte vývar a cukor, priveďte do varu, prikryte a duste 3 minúty, kým zelenina nezmäkne. Pridajte struk. Kukuričnú krupicu a vodu zmiešame na pastu, vmiešame do panvice a za stáleho miešania dusíme, kým omáčka nezhustne.

Dusené hovädzie mäso s anízom

pre 4 osoby

30 ml / 2 polievkové lyžice arašidového oleja
450 g steaku z filé
1 rozdrvený strúčik cesnaku
45 ml / 3 lyžice sójovej omáčky
15 ml / 1 polievková lyžica vody
15 ml / 1 polievková lyžica ryžového vína alebo suchého sherry
5 ml / 1 čajová lyžička soli
5 ml / 1 čajová lyžička cukru
2 klinčeky badiánu

Rozpálime olej a mäso opečieme zo všetkých strán. Pridajte zvyšné ingrediencie, priveďte do varu, prikryte a duste asi 45 minút, potom mäso otočte a pridajte trochu vody a sójovej omáčky, ak je mäso suché. Dusíme ďalších 45 minút, kým mäso nezmäkne. Badián pred podávaním zlikvidujte.

Teľacie mäso so špargľou

pre 4 osoby

450 g steaku z panenky nakrájanej na kocky
30 ml / 2 polievkové lyžice sójovej omáčky
30 ml / 2 polievkové lyžice ryžového vína alebo suchého sherry
45 ml / 3 lyžice kukuričnej múky (kukuričná múka)
45 ml / 3 lyžice arašidového oleja (arašidový)
5 ml / 1 čajová lyžička soli
1 rozdrvený strúčik cesnaku
350 g / 12 oz špargľové špargle
120 ml / 4 fl oz / ¬Ω šálka kuracieho vývaru
15 ml / 1 polievková lyžica sójovej omáčky

Vložte steak do misy. Zmiešajte sójovú omáčku, víno alebo sherry a 30 ml / 2 polievkové lyžice maizeny, nalejte na filet a dobre premiešajte. Nechajte 30 minút marinovať. Zohrejte olej so soľou a cesnakom a smažte, kým cesnak nie je svetlohnedý. Pridajte mäso a marinádu a varte 4 minúty. Pridajte špargľu a jemne smažte 2 minúty. Pridajte vývar a sójovú omáčku, priveďte do varu a varte 3 minúty, kým sa mäso neuvarí. Zvyšnú kukuričnú múku zmiešajte s trochou vody alebo vývaru a vmiešajte do omáčky. Varte na miernom ohni za stáleho miešania niekoľko minút, kým sa omáčka nevyjasní a nezhustne.

Hovädzie mäso s bambusovými výhonkami

pre 4 osoby

45 ml / 3 lyžice arašidového oleja (arašidový)
1 rozdrvený strúčik cesnaku
1 cibuľka (jarná cibuľka), nasekaná
1 plátok koreňa zázvoru, jemne nasekaný
225 g chudého hovädzieho mäsa, nakrájaného na prúžky
100 g / 4 oz bambusové výhonky
45 ml / 3 lyžice sójovej omáčky
15 ml / 1 polievková lyžica ryžového vína alebo suchého sherry
5 ml / 1 ČL kukuričnej múky (kukuričná múka)

Rozpálime olej a opražíme cesnak, jarnú cibuľku a zázvor do svetlohneda. Pridajte mäso a varte 4 minúty, kým jemne nezhnedne. Pridajte bambusové výhonky a smažte 3 minúty. Pridajte sójovú omáčku, víno alebo sherry a kukuričnú múku a varte 4 minúty.

Hovädzie mäso s bambusovými výhonkami a hubami

pre 4 osoby

225 g / 8 oz chudé hovädzie mäso
45 ml / 3 lyžice arašidového oleja (arašidový)
1 plátok koreňa zázvoru, jemne nasekaný
100 g / 4 oz bambusové výhonky, nakrájané na plátky
100 g šampiňónov nakrájaných na plátky
45 ml / 3 lyžice ryžového vína alebo suchého sherry
5 ml / 1 čajová lyžička cukru
10 ml / 2 čajové lyžičky sójovej omáčky
soľ a korenie
120 ml / 4 fl oz / ¬Ω šálka hovädzieho vývaru
15 ml / 1 polievková lyžica kukuričnej múky (kukuričná múka)
30 ml / 2 polievkové lyžice vody

Mäso nakrájame na tenké plátky proti srsti. Zahrejte olej a pár sekúnd opečte zázvor. Pridajte mäso a varte, kým nezhnedne. Pridajte bambusové výhonky a huby a smažte 1 minútu. Pridajte víno alebo sherry, cukor a sójovú omáčku a dochuťte soľou a korením. Pridajte vývar, priveďte do varu, prikryte a duste 3 minúty. Zmiešajte kukuričnú múčku a vodu, vmiešajte do panvice a varte za stáleho miešania, kým omáčka nezhustne.

Čínske dusené hovädzie mäso

pre 4 osoby

45 ml / 3 lyžice arašidového oleja (arašidový)
900 g rib eye steak
1 jarná cibuľka (šalotka), nakrájaná
1 mletý strúčik cesnaku
1 plátok koreňa zázvoru, jemne nasekaný
60 ml / 4 polievkové lyžice sójovej omáčky
30 ml / 2 polievkové lyžice ryžového vína alebo suchého sherry
5 ml / 1 čajová lyžička cukru
5 ml / 1 čajová lyžička soli
štipka korenia
750 ml / 1. diel / 3 šálky vriacej vody

Rozpálime olej a mäso na ňom rýchlo opečieme zo všetkých strán. Pridajte jarnú cibuľku, cesnak, zázvor, sójovú omáčku, víno alebo sherry, cukor, soľ a korenie. Za stáleho miešania priveďte do varu. Prilejeme vriacu vodu, za stáleho miešania privedieme do varu, prikryjeme a dusíme asi 2 hodiny, kým mäso nezmäkne.

Hovädzie mäso s fazuľovými klíčkami

pre 4 osoby

450 g / 1 lb chudé hovädzie mäso, nakrájané na plátky

1 vaječný bielok

30 ml / 2 polievkové lyžice arašidového oleja

15 ml / 1 polievková lyžica kukuričnej múky (kukuričná múka)

15 ml / 1 polievková lyžica sójovej omáčky

100 g fazuľových klíčkov

25 g kyslej kapusty, nastrúhanej

1 červená paprika, strúhaná

2 nastrúhané cibuľky (jarná cibuľka).

2 plátky koreňa zázvoru, strúhaný

Slaný

5 ml / 1 ČL ustricovej omáčky

5 ml / 1 čajová lyžička sezamového oleja

Mäso zmiešame s bielkom, polovicou oleja, kukuričnou múkou a sójovou omáčkou a necháme 30 minút odpočívať. Fazuľové klíčky blanšírujte vo vriacej vode asi 8 minút, kým nie sú takmer hotové a sceďte. Zohrejte zvyšný olej a mäso opečte, kým jemne nezhnedne, potom vyberte z panvice. Pridajte kyslú kapustu, čili papričku, zázvor, soľ, ustricovú omáčku a sezamový olej a smažte 2 minúty. Pridajte fazuľové klíčky a smažte 2 minúty. Vráťte mäso do panvice a varte, kým sa dobre nezmieša a neprehreje. Podávajte naraz.

Hovädzie mäso s brokolicou

pre 4 osoby

450 g steaku z panenky nakrájanej na tenké plátky
30 ml / 2 polievkové lyžice kukuričnej múky (kukuričná múka)
15 ml / 1 polievková lyžica ryžového vína alebo suchého sherry
15 ml / 1 polievková lyžica sójovej omáčky
30 ml / 2 polievkové lyžice arašidového oleja
5 ml / 1 čajová lyžička soli
1 rozdrvený strúčik cesnaku
225 g ružičiek brokolice
150 ml / ¬° pt / štedrá ¬Ω šálka hovädzieho vývaru

Vložte steak do misy. Zmiešajte 15 ml / 1 polievkovú lyžicu kukuričnej múčky s vínom alebo sherry a sójovou omáčkou, pridajte k mäsu a nechajte 30 minút marinovať. Zohrejte olej so soľou a cesnakom a smažte, kým cesnak nie je svetlohnedý. Pridajte steak a marinádu a varte 4 minúty. Pridajte brokolicu a varte 3 minúty. Pridajte vývar, priveďte do varu, prikryte a duste 5 minút, kým brokolica nie je mäkká, ale stále chrumkavá. Zvyšnú kukuričnú múku zmiešame s trochou vody a vmiešame do omáčky. Dusíme na miernom ohni, kým omáčka nezosvetlí a nezhustne.

Hovädzie mäso so sezamovými semienkami a brokolicou

pre 4 osoby

150 g chudého hovädzieho mäsa, nakrájaného na tenké plátky

2,5 ml / ¬Ω čajová lyžička ustricovej omáčky

5 ml / 1 ČL kukuričnej múky (kukuričná múka)

5 ml / 1 lyžička bieleho vínneho octu

60 ml / 4 polievkové lyžice arašidového oleja

100 g ružičiek brokolice

5 ml / 1 ČL rybacej omáčky

2,5 ml / ¬Ω lyžičky sójovej omáčky

250 ml / 8 fl oz / 1 šálka hovädzieho vývaru

30 ml / 2 polievkové lyžice sezamových semienok

Mäso marinujte s ustricovou omáčkou, 2,5 ml / ¬Ω lyžička kukuričnej krupice, 2,5 ml / ¬Ω lyžička vínneho octu a 15 ml / 1 lyžica oleja na 1 hodinu.

Medzitým zohrejte 15 ml / 1 ČL oleja, pridajte brokolicu, 2,5 ml / ¬Ω ČL rybacej omáčky, sójovú omáčku a zvyšný vínny ocot a zalejte vriacou vodou. Varte na miernom ohni asi 10 minút.

V samostatnej panvici rozohrejeme 30 ml / 2 polievkové lyžice oleja a mäso krátko opečieme do hneda. Pridáme vývar, zvyšnú maizenu a rybaciu omáčku, privedieme do varu, prikryjeme a dusíme asi 10 minút, kým mäso nezmäkne. Brokolicu sceďte a položte na teplý servírovací tanier. Navrch poukladáme mäso a bohato posypeme sezamovými semienkami.

Grilované mäso

pre 4 osoby

450 g/1 lb chudý steak, nakrájaný na plátky
60 ml / 4 polievkové lyžice sójovej omáčky
2 strúčiky cesnaku, mleté
5 ml / 1 čajová lyžička soli
2,5 ml / ¬Ω čajová lyžička čerstvo mletého korenia
10 ml / 2 lyžičky cukru

Všetky ingrediencie zmiešame a necháme 3 hodiny macerovať. Grilujeme alebo opekáme (opekáme) na rozpálenom grile asi 5 minút z každej strany.

kantonské mäso

pre 4 osoby

30 ml / 2 polievkové lyžice kukuričnej múky (kukuričná múka)

2 vyšľahané bielka

450 g steaku nakrájaného na prúžky

olej na vyprážanie

4 stonky zeleru, nakrájané na plátky

2 nakrájané cibule

60 ml / 4 polievkové lyžice vody

20 ml / 4 čajové lyžičky soli

75 ml / 5 lyžíc sójovej omáčky

60 ml / 4 lyžice ryžového vína alebo suchého sherry

30 ml / 2 polievkové lyžice cukru

čerstvo mleté korenie

Polovicu kukuričnej múky zmiešame s bielkami. Pridajte steak a premiešajte, aby sa mäso obalilo v cestíčku. Rozpálime olej a steak opečieme do zlatista. Vyberieme z panvice a necháme odkvapkať na kuchynskom papieri. Zahrejte 15 ml / 1 polievkovú lyžicu oleja a opečte zeler a cibuľu 3 minúty. Pridajte mäso, vodu, soľ, sójovú omáčku, víno alebo sherry a cukor a dochuťte korením. Priveďte do varu a za stáleho miešania varte, kým omáčka nezhustne.

Teľacie mäso s mrkvou

pre 4 osoby

30 ml / 2 polievkové lyžice arašidového oleja
450 g chudého hovädzieho mäsa, nakrájaného na kocky
2 cibuľky (jarná cibuľka), nakrájané na plátky
2 strúčiky cesnaku, mleté
1 plátok koreňa zázvoru, jemne nasekaný
250 ml / 8 fl oz / 1 šálka sójovej omáčky
30 ml / 2 polievkové lyžice ryžového vína alebo suchého sherry
30 ml / 2 polievkové lyžice hnedého cukru
5 ml / 1 čajová lyžička soli
600 ml / 1 bod / 2 Ω šálky vody
4 mrkvy, nakrájané diagonálne

Rozpálime olej a mäso opečieme do svetlohneda. Prebytočný olej scedíme a pridáme jarnú cibuľku, cesnak, zázvor a aníz a restujeme 2 minúty. Pridajte sójovú omáčku, víno alebo sherry, cukor a soľ a dobre premiešajte. Pridajte vodu, priveďte do varu, prikryte a varte 1 hodinu. Pridáme mrkvu, prikryjeme a dusíme ďalších 30 minút. Odstráňte pokrievku a dusíme, kým sa omáčka nezredukuje.

Hovädzie mäso s kešu orieškami

pre 4 osoby

60 ml / 4 polievkové lyžice arašidového oleja
450 g steaku z panenky nakrájanej na tenké plátky
8 nasekaných cibuliek (jarnej cibuľky).
2 strúčiky cesnaku, mleté
1 plátok koreňa zázvoru, jemne nasekaný
75 g / 3 oz / ¬œ šálka pražených kešu orieškov
120 ml / 4 fl oz / ¬Ω šálka vody
20 ml / 4 čajové lyžičky kukuričnej múky (kukuričná múka)
20 ml / 4 čajové lyžičky sójovej omáčky
5 ml / 1 čajová lyžička sezamového oleja
5 ml / 1 ČL ustricovej omáčky
5 ml / 1 lyžička čili omáčky

Polovicu oleja rozohrejeme a mäso opečieme do svetlohneda. Odstráňte z panvice. Zvyšný olej rozohrejeme a jarnú cibuľku, cesnak, zázvor a kešu opekáme 1 minútu. Vráťte mäso do panvice. Zmiešajte zvyšné ingrediencie a zmes vmiešajte do panvice. Priveďte do varu a za stáleho miešania varte, kým zmes nezhustne.

Pomalý hrniec s hovädzím mäsom

pre 4 osoby

30 ml / 2 polievkové lyžice arašidového oleja
450 g / 1 lb hrnce pečené, kocky
3 plátky koreňa zázvoru, jemne nasekané
3 nakrájané mrkvy
1 repa nakrájaná na kocky
15 ml/1 polievková lyžica čiernych datlí odkôstkovaných
15 ml / 1 polievková lyžica lotosových semien
30 ml / 2 polievkové lyžice paradajkového pretlaku (pasta)
10 ml / 2 polievkové lyžice soli
900 ml / 1¬Ω bodov / 3¬œ šálky hovädzieho vývaru
250 ml / 8 fl oz / 1 šálka ryžového vína alebo suchého sherry

Vo veľkom hrnci alebo panvici zohrejte olej a mäso opečte zo všetkých strán.

Hovädzie mäso s karfiolom

pre 4 osoby

225 g ružičiek karfiolu

olej na vyprážanie

225 g hovädzieho mäsa nakrájaného na prúžky

50 g bambusových výhonkov nakrájaných na prúžky

10 vodných gaštanov nakrájaných na prúžky

120 ml / 4 fl oz / ¬Ω šálka kuracieho vývaru

15 ml / 1 polievková lyžica sójovej omáčky

15 ml / 1 polievková lyžica ustricovej omáčky

15 ml / 1 polievková lyžica paradajkového pretlaku (pasta)

15 ml / 1 polievková lyžica kukuričnej múky (kukuričná múka)

2,5 ml / ¬Ω čajová lyžička sezamového oleja

Karfiol povaríme vo vriacej vode 2 minúty a scedíme. Rozohrejeme olej a opražíme karfiol do svetlohneda. Vyberieme a scedíme na kuchynskom papieri. Opäť rozohrejeme olej a mäso opečieme do svetlohneda, potom vyberieme a scedíme. Nalejte všetko okrem 15 ml/1 polievkovú lyžicu oleja a opekajte bambusové výhonky a vodné gaštany 2 minúty. Pridajte zvyšné ingrediencie, priveďte do varu a za stáleho miešania varte, kým omáčka nezhustne. Mäso a karfiol vrátime do panvice a jemne prehrejeme. Podávajte naraz.

Teľacie mäso so zelerom

pre 4 osoby

100 g zeleru, nakrájaného na pásiky
45 ml / 3 lyžice arašidového oleja (arašidový)
2 nadrobno nakrájané cibuľky (jarná cibuľka).
1 plátok koreňa zázvoru, jemne nasekaný
225 g chudého hovädzieho mäsa, nakrájaného na prúžky
30 ml / 2 polievkové lyžice sójovej omáčky
30 ml / 2 polievkové lyžice ryžového vína alebo suchého sherry
2,5 ml / ¬Ω lyžičky cukru
2,5 ml / ¬Ω lyžičky soli

Zeler blanšírujeme vo vriacej vode 1 minútu a dobre scedíme. Rozpálime olej a opražíme jarnú cibuľku a zázvor do svetlohneda. Pridajte mäso a varte 4 minúty. Pridajte zeler a smažte 2 minúty. Pridajte sójovú omáčku, víno alebo sherry, cukor a soľ a varte 3 minúty.

Vyprážané rezne so zelerom

pre 4 osoby

30 ml / 2 polievkové lyžice arašidového oleja
450 g / 1 lb chudé hovädzie mäso, nakrájané na plátky
3 stonkový zeler, nastrúhaný
1 cibuľa, strúhaná
1 jarná cibuľka (šalotka), nakrájaná
1 plátok koreňa zázvoru, jemne nasekaný
30 ml / 2 polievkové lyžice sójovej omáčky
15 ml / 1 polievková lyžica ryžového vína alebo suchého sherry
2,5 ml / ¬Ω lyžičky cukru
2,5 ml / ¬Ω lyžičky soli
10 ml / 2 čajové lyžičky kukuričnej múky (kukuričná múka)
30 ml / 2 polievkové lyžice vody

Polovicu oleja zohrejte, kým nebude veľmi horúci a mäso opekajte 1 minútu, kým nezhnedne. Odstráňte z panvice. Zohrejeme zvyšok oleja a orestujeme zeler, cibuľu, jarnú cibuľku a zázvor do mierneho zmäknutia. Mäso vráťte do panvice so sójovou omáčkou, vínom alebo sherry, cukrom a soľou, priveďte do varu a duste. Zmiešajte kukuričnú múku a vodu, premiešajte na panvici a dusíme, kým omáčka nezhustne. Podávajte naraz.

Mleté hovädzie mäso s kuracím mäsom a zelerom

pre 4 osoby
4 sušené čínske huby

45 ml / 3 lyžice arašidového oleja (arašidový)

2 strúčiky cesnaku, mleté

1 nakrájaný koreň zázvoru, jemne nasekaný

5 ml / 1 čajová lyžička soli

100 g chudého hovädzieho mäsa, nakrájaného na prúžky

100 g / 4 oz kuracie mäso, nakrájané na prúžky

2 mrkvy, nakrájané na prúžky

2 stonky zeleru, nakrájané na pásiky

4 scallions (scallions), nakrájané na prúžky

5 ml / 1 čajová lyžička cukru

5 ml / 1 lyžička sójovej omáčky

5 ml / 1 lyžička ryžového vína alebo suchého sherry

45 ml / 3 polievkové lyžice vody

5 ml / 1 ČL kukuričnej múky (kukuričná múka)

Huby namočíme na 30 minút do teplej vody a potom scedíme. Vyhoďte stonky a nakrájajte vrcholy. Rozpálime olej a opražíme cesnak, zázvor a soľ do svetlohneda. Pridajte hovädzie a kuracie mäso a varte, kým nezačne hnednúť. Pridajte zeler, jarnú cibuľku, cukor, sójovú omáčku, víno alebo sherry a vodu a priveďte do varu. Prikryjeme a dusíme asi 15 minút, kým mäso nezmäkne. Kukuričný škrob rozmiešame s trochou vody, zmiešame s omáčkou a za stáleho miešania dusíme, kým omáčka nezhustne.

Hovädzie mäso s čili

pre 4 osoby

450 g steaku z panenky nakrájanej na pásiky
45 ml / 3 lyžice sójovej omáčky
15 ml / 1 polievková lyžica ryžového vína alebo suchého sherry
15 ml / 1 polievková lyžica hnedého cukru
15 ml / 1 polievková lyžica jemne nasekaného koreňa zázvoru
30 ml / 2 polievkové lyžice arašidového oleja
50 g bambusových výhonkov nakrájaných na tyčinky
1 cibuľa nakrájaná na pásiky
1 stonkový zeler, nakrájaný na zápalky
2 červené chilli papričky zbavené semienok a nakrájané na plátky
120 ml / 4 fl oz / ¬Ω šálka kuracieho vývaru
15 ml / 1 polievková lyžica kukuričnej múky (kukuričná múka)

Vložte steak do misy. Zmiešajte sójovú omáčku, víno alebo sherry, cukor a zázvor a vmiešajte do steaku. Nechajte marinovať 1 hodinu. Odstráňte steak z marinády. Zahrejte polovicu oleja a opečte bambusové výhonky, cibuľu, zeler a korenie 3 minúty a vyberte z panvice. Zohrejeme zvyšok oleja a rezeň opekáme 3 minúty. Pridajte marinádu, priveďte do varu a pridajte restovanú zeleninu. Varte na miernom ohni za stáleho miešania 2 minúty.

Zmiešajte vývar a maizenu a pridajte do panvice. Priveďte do varu a za stáleho miešania varte, kým sa omáčka nevyjasní a nezhustne.

Hovädzie mäso s čínskou kapustou

pre 4 osoby

225 g / 8 oz chudé hovädzie mäso
30 ml / 2 polievkové lyžice arašidového oleja
350 g / 12 oz bok choy, strúhaný
120 ml / 4 fl oz / ¬Ω šálka hovädzieho vývaru
soľ a čerstvo mleté korenie
10 ml / 2 čajové lyžičky kukuričnej múky (kukuričná múka)
30 ml / 2 polievkové lyžice vody

Mäso nakrájame na tenké plátky proti srsti. Rozpálime olej a mäso opečieme do hneda. Pridajte bok choy a varte do mierneho zmäknutia. Pridajte vývar, priveďte do varu a dochuťte soľou a korením. Prikryjeme a dusíme 4 minúty, kým mäso nezmäkne. Zmiešajte kukuričnú múčku a vodu, vmiešajte do panvice a varte za stáleho miešania, kým omáčka nezhustne.

Hovädzia kotleta Suey

pre 4 osoby

3 stonky zeleru, nakrájané na plátky

100 g fazuľových klíčkov

100 g ružičiek brokolice

60 ml / 4 polievkové lyžice arašidového oleja

3 cibuľky (jarná cibuľka), nakrájané nadrobno

2 strúčiky cesnaku, mleté

1 plátok koreňa zázvoru, jemne nasekaný

225 g chudého hovädzieho mäsa, nakrájaného na prúžky

45 ml / 3 lyžice sójovej omáčky

15 ml / 1 polievková lyžica ryžového vína alebo suchého sherry

5 ml / 1 čajová lyžička soli

2,5 ml / ¬Ω lyžičky cukru

čerstvo mleté korenie

15 ml / 1 polievková lyžica kukuričnej múky (kukuričná múka)

Zeler, fazuľové klíčky a brokolicu blanšírujeme vo vriacej vode 2 minúty, scedíme a osušíme. Zahrejte 45 ml/3 lyžice oleja a orestujte jarnú cibuľku, cesnak a zázvor, kým jemne nezhnednú. Pridáme mäso a opekáme 4 minúty. Odstráňte z panvice. Zvyšný olej rozohrejeme a zeleninu opekáme 3 minúty. Pridajte mäso, sójovú omáčku, víno alebo sherry, soľ, cukor a štipku korenia a varte 2 minúty. Kukuričnú krupicu zmiešame s trochou vody, vmiešame do panvice a za stáleho miešania necháme dusiť, kým sa omáčka nevyjasní a nezhustne.

Teľacie mäso s uhorkou

pre 4 osoby

450 g steaku z panenky nakrájanej na tenké plátky
45 ml / 3 lyžice sójovej omáčky
30 ml / 2 polievkové lyžice kukuričnej múky (kukuričná múka)
60 ml / 4 polievkové lyžice arašidového oleja
2 uhorky, olúpané, zbavené semienok a nakrájané na plátky
60 ml / 4 polievkové lyžice kuracieho vývaru
30 ml / 2 polievkové lyžice ryžového vína alebo suchého sherry
soľ a čerstvo mleté korenie

Vložte steak do misy. Zmiešajte sójovú omáčku a kukuričnú múku a pridajte k steaku. Nechajte 30 minút marinovať. Polovicu oleja zohrejte a uhorky smažte 3 minúty, kým nebudú matné, a potom vyberte z panvice. Zohrejte zvyšok oleja a steak opečte. Pridajte uhorku a smažte 2 minúty. Pridajte vývar, víno alebo sherry a dochuťte soľou a korením. Priveďte do varu, prikryte a duste 3 minúty.

Hovädzie Chow Mein

pre 4 osoby

750 g / 1 ¬Ω lb sviečkovice

2 cibule

45 ml / 3 lyžice sójovej omáčky

45 ml / 3 lyžice ryžového vína alebo suchého sherry

15 ml / 1 polievková lyžica arašidového masla

5 ml / 1 lyžička citrónovej šťavy

350 g / 12 oz vaječných rezancov

60 ml / 4 polievkové lyžice arašidového oleja

175 ml / 6 fl oz / ¬œ šálka kuracieho vývaru

15 ml / 1 polievková lyžica kukuričnej múky (kukuričná múka)

30 ml / 2 polievkové lyžice ustricovej omáčky

4 nadrobno nakrájané cibuľky (jarná cibuľka).

3 stonky zeleru, nakrájané na plátky

100 g šampiňónov nakrájaných na plátky

1 zelená paprika nakrájaná na prúžky

100 g fazuľových klíčkov

Odrežte a odstráňte tuk z mäsa. Nakrájajte pozdĺž drôtu na tenké plátky. Cibuľu nakrájajte na kolieska a oddeľte vrstvy. Zmiešajte 15 ml / 1 polievkovú lyžicu sójovej omáčky s 15 ml / 1 polievkovou lyžicou vína alebo sherry, arašidovým maslom a citrónovou šťavou. Pridáme mäso, prikryjeme a necháme 1 hodinu odpočívať. Rezance varte vo vriacej vode asi 5 minút alebo do mäkka. Dobre sceďte. Zahrejte 15 ml / 1 polievkovú lyžicu oleja, pridajte 15 ml / 1 polievkovú lyžicu sójovej omáčky a rezance a opekajte 2 minúty do svetlohneda. Presuňte do horúcej servírovacej misy.

Zmiešajte zvyšok sójovej omáčky a vína alebo sherry s vývarom, kukuričnou múkou a ustricovou omáčkou. Zahrejte 15 ml / 1 polievkovú lyžicu oleja a cibuľu opečte 1 minútu. Pridajte zeler, šampiňóny, papriku a fazuľové klíčky a smažte 2 minúty. Odstráňte z woku. Zohrejeme zvyšok oleja a mäso opečieme do hneda. Pridajte vývar, priveďte do varu, prikryte a duste 3 minúty. Zeleninu vráťte do woku a za stáleho miešania varte asi 4 minúty, kým nebude horúca. Zmesou polejeme rezance a podávame.

filet z uhorky

pre 4 osoby

450 g steaku z panenky
10 ml / 2 čajové lyžičky kukuričnej múky (kukuričná múka)
10 ml / 2 čajové lyžičky soli
2,5 ml / ¬Ω čajová lyžička čerstvo mletého korenia
90 ml / 6 lyžíc arašidového oleja (arašidový)
1 cibuľa nakrájaná nadrobno
1 uhorka, ošúpaná a nakrájaná na plátky
120 ml / 4 fl oz / ¬Ω šálka hovädzieho vývaru

Filet nakrájajte na prúžky a potom na tenké plátky proti zrnitosti. Vložte do misy a pridajte kukuričný škrob, soľ, korenie a polovicu oleja. Nechajte 30 minút marinovať. Zohrejeme zvyšok oleja a opečieme mäso s cibuľou do svetlohneda. Pridajte uhorku a vývar, priveďte do varu, prikryte a duste 5 minút.

Vyprážané hovädzie kari

pre 4 osoby

45 ml / 3 polievkové lyžice masla

15 ml / 1 polievková lyžica kari

45 ml / 3 lyžice hladkej múky (univerzálne)

375 ml / 13 fl oz / 1 Ω šálka mlieka

15 ml / 1 polievková lyžica sójovej omáčky

soľ a čerstvo mleté korenie

450 g vareného hovädzieho mäsa, nakrájaného nadrobno

100 g / 4 oz hrášok

2 mrkvy, nakrájané

2 nakrájané cibule

225 g varenej dlhozrnnej ryže, horúcej

1 vajce uvarené natvrdo (uvarené), nakrájané na plátky

Maslo rozpustíme, pridáme kari a múku a povaríme 1 minútu. Pridajte mlieko a sójovú omáčku, priveďte do varu a za stáleho miešania varte 2 minúty. Dochutíme soľou a korením. Pridajte hovädzie mäso, hrášok, mrkvu a cibuľu a dobre premiešajte, aby sa obalila omáčkou. Pridajte ryžu, zmes preložte do zapekacej misy a pečte v predhriatej rúre na 200 ∞C / 400 ∞F / plyn Mark 6 20 minút, kým zelenina nezmäkne. Podávame ozdobené plátkami natvrdo uvareného vajíčka.

Omeleta so šunkou a vodným gaštanom

2 porcie

30 ml / 2 polievkové lyžice arašidového oleja

1 nakrájanú cibuľu

1 rozdrvený strúčik cesnaku

50 g / 2 oz nasekanej šunky

50 g vodných gaštanov, nasekaných

15 ml / 1 polievková lyžica sójovej omáčky

50 g syra čedar

3 rozšľahané vajcia

Zahrejte polovicu oleja a opečte na ňom cibuľu, cesnak, šunku, vodné gaštany a sójovú omáčku do svetlohneda. Odstráňte ich z panvice. Zohrejte zvyšný olej, pridajte vajcia a keď začne tuhnúť, vložte vajíčko do stredu a nechajte pod ním tiecť surové vajce. Keď je vajíčko uvarené, do jednej polovice tortilly nalejeme šunkovú zmes, posypeme syrom a priklopíme druhou polovicou tortilly. Prikryte a varte 2 minúty, potom otočte a varte ďalšie 2 minúty do zlatista.

Omeleta s homárom

pre 4 osoby

4 vajcia
soľ a čerstvo mleté korenie
30 ml / 2 polievkové lyžice arašidového oleja
3 cibuľky (jarná cibuľka), nakrájané nadrobno
100 g mäsa z homára, nakrájaného

Zľahka rozšľaháme vajcia a dochutíme soľou a korením. Rozpálime olej a jarnú cibuľku opražíme 1 minútu. Pridajte homára a miešajte, kým sa nepokryje olejom. Nalejte vajcia do panvice a nakloňte panvicu tak, aby vajíčko pokrývalo povrch. Keď vajcia tuhnú, nadvihnite okraje tortilly, aby surové vajce prietieklo spodnou časťou. Varte, kým nie je hotové, potom zložte na polovicu a ihneď podávajte.

ustricová omeleta

pre 4 osoby

4 vajcia

120 ml / 4 fl oz / ½ šálky mlieka

12 vylúpaných ustríc

3 cibuľky (jarná cibuľka), nakrájané nadrobno

soľ a čerstvo mleté korenie

30 ml / 2 polievkové lyžice arašidového oleja

50 g / 2 oz chudé bravčové mäso, strúhané

50 g / 2 oz húb, nakrájaných na plátky

50 g / 2 oz bambusové výhonky, nakrájané na plátky

Vajíčka zľahka rozšľaháme s mliekom, hlivou, jarnou cibuľkou, soľou a korením. Zahrejte olej a opečte bravčové mäso do svetlohneda. Pridajte huby a bambusové výhonky a smažte 2 minúty. Nalejte vaječnú zmes do panvice a varte, pričom okraje omelety nadvihnite, keď vajcia tuhnú, aby spodné vajce mohlo tiecť surové vajce. Varte, kým sa neuvarí, potom preložte na polovicu, otočte tortillu a varte, kým druhá strana nie je jemne hnedá. Podávajte naraz.

Omeleta z kreviet

pre 4 osoby

4 vajcia

15 ml / 1 polievková lyžica ryžového vína alebo suchého sherry

soľ a čerstvo mleté korenie

30 ml / 2 polievkové lyžice arašidového oleja

1 plátok koreňa zázvoru, jemne nasekaný

225 g / 8 oz lúpaných kreviet

Vajíčka zľahka rozšľaháme s vínom alebo sherry a dochutíme soľou a korením. Rozpálime olej a opražíme zázvor do svetlozlatista. Pridajte krevety a miešajte, kým nie sú pokryté olejom. Nalejte vajcia do panvice a nakloňte panvicu tak, aby vajíčko pokrývalo povrch. Keď vajcia tuhnú, nadvihnite okraje tortilly, aby surové vajce prietieklo spodnou časťou. Varte, kým nie je hotové, potom zložte na polovicu a ihneď podávajte.

Omeleta s mušľami

pre 4 osoby

4 vajcia

5 ml / 1 lyžička sójovej omáčky

soľ a čerstvo mleté korenie

30 ml / 2 polievkové lyžice arašidového oleja

3 cibuľky (jarná cibuľka), nakrájané nadrobno

225 g hrebenatky, rozpolené

Vajcia rozšľaháme so sójovou omáčkou a dochutíme soľou a korením. Rozpálime olej a opražíme jarnú cibuľku do svetlohneda. Pridajte mušle a smažte 3 minúty. Nalejte vajcia do panvice a nakloňte panvicu tak, aby vajíčko pokrývalo povrch. Keď vajcia tuhnú, nadvihnite okraje tortilly, aby surové vajce prieteklo spodnou časťou. Varte, kým nie je hotové, potom zložte na polovicu a ihneď podávajte.

Omeleta s tofu

pre 4 osoby

4 vajcia

soľ a čerstvo mleté korenie

30 ml / 2 polievkové lyžice arašidového oleja

225 g / 8 oz tofu, strúhané

Zľahka rozšľaháme vajcia a dochutíme soľou a korením. Rozohrejte olej, pridajte tofu a duste, kým nebude horúce. Nalejte vajcia do panvice a nakloňte panvicu tak, aby vajíčko pokrývalo povrch. Keď vajcia tuhnú, nadvihnite okraje tortilly, aby surové vajce pretieklo spodnou časťou. Varte, kým nie je hotové, potom zložte na polovicu a ihneď podávajte.

Bravčové plnené tortilla

pre 4 osoby

50 g fazuľových klíčkov
60 ml / 4 polievkové lyžice arašidového oleja
225 g / 8 oz chudé bravčové mäso, nakrájané na kocky
3 cibuľky (jarná cibuľka), nakrájané nadrobno
1 stonka nakrájaný zeler
15 ml / 1 polievková lyžica sójovej omáčky
5 ml / 1 čajová lyžička cukru
4 vajcia, zľahka rozšľahané
Slaný

Fazuľové klíčky blanšírujeme vo vriacej vode 3 minúty a dobre scedíme. Zahrejte polovicu oleja a opečte bravčové mäso do svetlohneda. Pridajte jarnú cibuľku a zeler a varte 1 minútu. Pridajte sójovú omáčku a cukor a smažte 2 minúty. Odstráňte z panvice. Rozšľahané vajcia dochutíme soľou. Zohrejte zvyšný olej a nalejte vajcia do panvice, nakloňte panvicu tak, aby vajíčko pokrývalo povrch. Keď vajcia tuhnú, nadvihnite okraje tortilly, aby surové vajce pretieklo spodnou časťou. Do stredu tortilly položte náplň a preložte ju na polovicu. Varte, kým nie je hotové a potom ihneď podávajte.

Tortilla plnená krevetami

pre 4 osoby

30 ml / 2 polievkové lyžice arašidového oleja
2 stonky zeleru, nakrájané nadrobno
2 nadrobno nakrájané cibuľky (jarná cibuľka).
225 g ošúpaných kreviet, rozpolených
4 vajcia, zľahka rozšľahané
Slaný

Zahrejte polovicu oleja a opečte zeler a cibuľu do svetlohneda. Pridajte krevety a smažte, kým nie sú veľmi horúce. Odstráňte z panvice. Rozšľahané vajcia dochutíme soľou. Zohrejte zvyšný olej a nalejte vajcia do panvice, nakloňte panvicu tak, aby vajíčko pokrývalo povrch. Keď vajcia tuhnú, nadvihnite okraje tortilly, aby surové vajce pretieklo spodnou časťou. Do stredu tortilly položte náplň a preložte ju na polovicu. Varte, kým nie je hotové a potom ihneď podávajte.

Tortilla rolky v pare s kuracou plnkou

pre 4 osoby

4 vajcia, zľahka rozšľahané

Slaný

15 ml / 1 polievková lyžica arašidového oleja

100 g / 4 oz varené kuracie mäso, nakrájané

2 plátky koreňa zázvoru, jemne nasekané

1 nakrájanú cibuľu

120 ml / 4 fl oz / ½ šálky kuracieho vývaru

15 ml / 1 polievková lyžica ryžového vína alebo suchého sherry

Vajcia rozšľaháme a dochutíme soľou. Zahrejte trochu oleja a nalejte štvrtinu vajec, nakláňajte, aby sa zmes rozložila po panvici. Z jednej strany zľahka opečte a nechajte odpočinúť, potom otočte hore dnom na tanier. Uvaríme zvyšné 4 tortilly. Kuracie mäso, zázvor a cibuľu zmiešame. Lyžicou zmes rovnomerne nalejte medzi tortilly, zrolujte, zaistite kokteilovými tyčinkami a vložte do plytkej nádoby odolnej voči rúre. Položte na mriežku do parného hrnca, prikryte a duste 15 minút. Preložíme na horúci servírovací tanier a nakrájame na hrubé plátky. Medzitým zohrejeme vývar a sherry a dochutíme soľou. Polejeme tortilly a podávame.

ustricové palacinky

Na 4 až 6 porcií

12 ustríc
4 vajcia, zľahka rozšľahané
3 cibuľky (jarná cibuľka), nakrájané na plátky
soľ a čerstvo mleté korenie
6 ml / 4 polievkové lyžice univerzálnej múky
2,5 ml / ½ čajovej lyžičky sódy bikarbóny
45 ml / 3 lyžice arašidového oleja (arašidový)

Ustrice ošúpeme, 60 ml/4 polievkové lyžice likéru si necháme a nahrubo nasekáme. Vajíčka zmiešame s hlivou, jarnou cibuľkou, soľou a korením. Múku s práškom do pečiva zmiešame, vymiešame na pastu s ustricovou pálenkou a potom zmes primiešame k vajíčkam. Rozohrejte trochu oleja a po lyžiciach cesta vyprážajte malé placky. Vyprážajte, kým z každej strany jemne nezhnedne, potom na panvicu pridajte trochu oleja a pokračujte, kým nespotrebujete všetku zmes.

Placky s krevetami

pre 4 osoby

50 g ošúpaných kreviet, nasekaných
4 vajcia, zľahka rozšľahané
75 g / 3 oz / plná šálka univerzálnej múky
soľ a čerstvo mleté korenie
120 ml / 4 fl oz / ½ šálky kuracieho vývaru
2 nadrobno nakrájané cibuľky (jarná cibuľka).
30 ml / 2 polievkové lyžice arašidového oleja

Všetky ingrediencie okrem oleja zmiešame. Zohrejte trochu oleja, nalejte štvrtinu cesta a nakloňte panvicu tak, aby sa rozložilo po dne. Varte, kým spodná strana jemne nezhnedne, potom otočte a opečte druhú stranu. Odstráňte z panvice a pokračujte vo varení zvyšných palaciniek.

Čínske miešané vajcia

pre 4 osoby

4 rozšľahané vajcia
2 nadrobno nakrájané cibuľky (jarná cibuľka).
štipka soli
5 ml / 1 čajová lyžička sójovej omáčky (voliteľné)
30 ml / 2 polievkové lyžice arašidového oleja

Vajcia rozšľaháme s jarnou cibuľkou, soľou a prípadne sójovou omáčkou. Zahrejte olej a potom nalejte vaječnú zmes. Jemne premiešajte vidličkou, kým vajcia nestuhnú. Podávajte naraz.

Miešané vajcia s rybami

pre 4 osoby

225 g / 8 oz rybie filé

30 ml / 2 polievkové lyžice arašidového oleja

1 plátok koreňa zázvoru, jemne nasekaný

2 nadrobno nakrájané cibuľky (jarná cibuľka).

4 vajcia, zľahka rozšľahané

soľ a čerstvo mleté korenie

Rybu vložíme do ohňovzdornej nádoby a položíme na mriežku v parnom hrnci. Prikryjeme a dusíme asi 20 minút, potom odstránime šupku a dužinu rozdrobíme. Rozpálime olej a opražíme zázvor a jarnú cibuľku do svetlohneda. Pridajte ryby a miešajte, kým sa nepotiahnu olejom. Vajcia dochutíme soľou a korením, nalejeme do panvice a jemne miešame vidličkou, kým vajcia nestuhnú. Podávajte naraz.

Miešané vajcia s hubami

pre 4 osoby

30 ml / 2 polievkové lyžice arašidového oleja

4 rozšľahané vajcia

3 cibuľky (jarná cibuľka), nakrájané nadrobno

štipka soli

5 ml / 1 lyžička sójovej omáčky

100 g / 4 oz húb, nahrubo nasekaných

Zahrejte polovicu oleja a šampiňóny smažte niekoľko minút, kým nebudú veľmi horúce, a potom vyberte z panvice. Vajcia rozšľaháme s jarnou cibuľkou, soľou a sójovou omáčkou. Zvyšný olej rozohrejeme a vlejeme doň vaječnú zmes. Jemne premiešajte vidličkou, kým vajcia nezačnú tuhnúť, potom huby vráťte do panvice a varte, kým vajcia nestuhnú. Podávajte naraz.

Miešané vajcia s ustricovou omáčkou

pre 4 osoby

4 rozšľahané vajcia
3 cibuľky (jarná cibuľka), nakrájané nadrobno
soľ a čerstvo mleté korenie
5 ml / 1 lyžička sójovej omáčky
30 ml / 2 polievkové lyžice arašidového oleja
15 ml / 1 polievková lyžica ustricovej omáčky
100 g varenej šunky, rozdrvenej
2 vetvičky plochej petržlenovej vňate

Vajíčka rozšľaháme s jarnou cibuľkou, soľou, korením a sójovou omáčkou. Pridajte polovicu oleja. Zvyšný olej rozohrejeme a vlejeme doň vaječnú zmes. Jemne premiešajte vidličkou, kým vajcia nezačnú tuhnúť, potom pridajte ustricovú omáčku a varte, kým vajcia nestuhnú. Podávame ozdobené šunkou a petržlenovou vňaťou.

Miešané vajcia s bravčovým mäsom

pre 4 osoby

8 oz/225 g chudého bravčového mäsa, nakrájaného na plátky
30 ml / 2 polievkové lyžice sójovej omáčky
30 ml / 2 polievkové lyžice arašidového oleja
2 nadrobno nakrájané cibuľky (jarná cibuľka).
4 rozšľahané vajcia
štipka soli
5 ml / 1 lyžička sójovej omáčky

Zmiešajte bravčové mäso a sójovú omáčku, aby sa bravčové mäso dobre obalilo. Zahrejte olej a opečte bravčové mäso do svetlohneda. Pridajte cibuľu a smažte 1 minútu. Vajíčka rozšľaháme s jarnou cibuľkou, soľou a sójovou omáčkou a vaječnú zmes nalejeme do panvice. Jemne premiešajte vidličkou, kým vajcia nestuhnú. Podávajte naraz.

Miešané vajcia s bravčovým mäsom a krevetami

pre 4 osoby

100 g mletého bravčového mäsa (mleté)
225 g / 8 oz lúpaných kreviet
2 nadrobno nakrájané cibuľky (jarná cibuľka).
1 plátok koreňa zázvoru, jemne nasekaný
5 ml / 1 ČL kukuričnej múky (kukuričná múka)
15 ml / 1 polievková lyžica ryžového vína alebo suchého sherry
15 ml / 1 polievková lyžica sójovej omáčky
soľ a čerstvo mleté korenie
45 ml / 3 lyžice arašidového oleja (arašidový)
4 vajcia, zľahka rozšľahané

Zmiešajte bravčové mäso, krevety, cibuľku, zázvor, kukuričný škrob, víno alebo sherry, sójovú omáčku, soľ a korenie. Zahrejte olej a opečte bravčovú zmes do svetlohneda. Nalejte vajcia a jemne premiešajte vidličkou, kým vajcia nestuhnú. Podávajte naraz.

Miešané vajcia so špenátom

pre 4 osoby

45 ml / 3 lyžice arašidového oleja (arašidový)

225 g / 8 oz špenát

4 rozšľahané vajcia

2 nadrobno nakrájané cibuľky (jarná cibuľka).

štipka soli

Polovicu oleja zohrejte a špenát pár minút opekajte, kým nebude svetlozelený, ale nezvädne. Odstráňte z panvice a jemne nakrájajte. Vajcia rozšľaháme s jarnou cibuľkou, soľou a prípadne sójovou omáčkou. Pridajte špenát. Zahrejte olej a potom nalejte vaječnú zmes. Jemne premiešajte vidličkou, kým vajcia nestuhnú. Podávajte naraz.

Miešané vajíčka s pažítkou

pre 4 osoby

4 rozšľahané vajcia
8 cibuľky (jarnej cibuľky), nakrájanej nadrobno
soľ a čerstvo mleté korenie
5 ml / 1 lyžička sójovej omáčky
30 ml / 2 polievkové lyžice arašidového oleja

Vajíčka rozšľaháme s jarnou cibuľkou, soľou, korením a sójovou omáčkou. Zahrejte olej a potom nalejte vaječnú zmes. Jemne premiešajte vidličkou, kým vajcia nestuhnú. Podávajte naraz.

Miešané vajcia s paradajkami

pre 4 osoby

4 rozšľahané vajcia
2 nadrobno nakrájané cibuľky (jarná cibuľka).
štipka soli
30 ml / 2 polievkové lyžice arašidového oleja
3 paradajky, olúpané a nakrájané

Vajcia rozšľaháme s jarnou cibuľkou a soľou. Zahrejte olej a potom nalejte vaječnú zmes. Jemne miešame, kým vajcia nezačnú tuhnúť, potom vmiešame paradajky a ďalej varíme za stáleho miešania, kým nestuhnú. Podávajte naraz.

Miešané vajcia so zeleninou

pre 4 osoby

30 ml / 2 polievkové lyžice arašidového oleja
5 ml / 1 čajová lyžička sezamového oleja
1 zelená paprika nakrájaná na kocky
1 mletý strúčik cesnaku
100 g hrášku cukrového, rozpoleného
4 rozšľahané vajcia
2 nadrobno nakrájané cibuľky (jarná cibuľka).
štipka soli
5 ml / 1 lyžička sójovej omáčky

Zahrejte polovicu arašidového oleja so sezamovým olejom a opečte papriku a cesnak do svetlohneda. Pridajte cukrový hrášok a smažte 1 minútu. Vajíčka rozšľaháme s jarnou cibuľkou, soľou a sójovou omáčkou a zmes nalejeme na panvicu. Jemne premiešajte vidličkou, kým vajcia nestuhnú. Podávajte naraz.

kuracie sufle

pre 4 osoby

100 g / 4 oz nakrájané kuracie prsia
(ja obyčajne)
45 ml / 3 polievkové lyžice kuracieho vývaru
2,5 ml / ½ čajovej lyžičky soli
4 bielka
75 ml / 5 lyžíc arašidového oleja (arašidový)

Kuracie mäso, vývar a soľ dobre premiešame. Z bielkov vyšľaháme tuhý sneh a pridáme k zmesi. Olej zohrejte, kým sa nezadymí, pridajte zmes a dobre premiešajte, potom znížte oheň a pokračujte vo varení za mierneho miešania, kým zmes nie je pevná.

krabie suflé

pre 4 osoby

100 g / 4 oz krabie mäso, vločkované
Slaný
15 ml / 1 polievková lyžica kukuričnej múky (kukuričná múka)
120 ml / 4 fl oz / ½ šálky mlieka
4 bielka
75 ml / 5 lyžíc arašidového oleja (arašidový)

Skombinujte krabie mäso, soľ, kukuričný škrob a dobre premiešajte. Z bielkov vyšľaháme tuhý sneh a potom ich pridáme do zmesi. Olej zohrejte, kým sa nezadymí, pridajte zmes a dobre premiešajte, potom znížte teplotu a pokračujte vo varení za mierneho miešania, kým zmes nie je pevná.

Krabie a zázvorové suflé

pre 4 osoby

75 ml / 5 lyžíc arašidového oleja (arašidový)
2 plátky koreňa zázvoru, jemne nasekané
1 cibuľka (jarná cibuľka), nasekaná
100 g / 4 oz krabie mäso, vločkované
Slaný
15 ml / 1 polievková lyžica ryžového vína alebo suchého sherry
120 ml / 4 ft oz / k šálka mlieka
60 ml / 4 polievkové lyžice kuracieho vývaru
15 ml / 2 polievkové lyžice kukuričnej múky (kukuričná múka)
4 bielka
5 ml / 1 čajová lyžička sezamového oleja

Polovicu oleja rozohrejeme a opražíme zázvor a cibuľu do mäkka. Pridajte krabie mäso a soľ, odstráňte z tepla a nechajte mierne vychladnúť. Zmiešajte víno alebo sherry, mlieko, vývar a kukuričnú múčku a potom vmiešajte do zmesi krabieho mäsa. Z bielkov vyšľaháme tuhý sneh a potom ich pridáme do zmesi. Zvyšný olej zohrejte, kým nebude dymiť, pridajte zmes a dobre premiešajte, potom znížte teplotu a jemne miešajte, kým zmes nie je pevná.

rybie sufle

pre 4 osoby

3 vajcia, oddelené
5 ml / 1 lyžička sójovej omáčky
5 ml / 1 čajová lyžička cukru
soľ a čerstvo mleté korenie
450 g / 1 libra rybie filé
45 ml / 3 lyžice arašidového oleja (arašidový)

Vaječné žĺtky vymiešame so sójovou omáčkou, cukrom, soľou a korením. Rybu nakrájajte na veľké kusy. Ponorte ryby do zmesi, kým nie sú dobre pokryté. Rozpálime olej a rybu opekáme, kým zospodu jemne nezhnedne. Medzitým vyšľaháme z bielkov tuhý sneh. Rybu otočte a na ňu položte vaječný bielok. Varte 2 minúty, kým spodok jemne nezhnedne, potom znova otočte a varte ešte 1 minútu, kým bielka nie sú pevné a zlatohnedé. Podávame s paradajkovou omáčkou.

krevetové suflé

pre 4 osoby

225 g ošúpaných kreviet, nasekaných
1 plátok koreňa zázvoru, jemne nasekaný
15 ml / 1 polievková lyžica ryžového vína alebo suchého sherry
15 ml / 1 polievková lyžica sójovej omáčky
soľ a čerstvo mleté korenie
4 bielka
45 ml / 3 lyžice arašidového oleja (arašidový)

Zmiešajte krevety, zázvor, víno alebo sherry, sójovú omáčku, soľ a korenie. Z bielkov vyšľaháme tuhý sneh a potom ich pridáme do zmesi. Olej zohrejte, kým sa nezadymí, pridajte zmes a dobre premiešajte, potom znížte teplotu a pokračujte vo varení za mierneho miešania, kým zmes nie je pevná.

Krevetové suflé s fazuľovými klíčkami

pre 4 osoby

100 g fazuľových klíčkov
100 g ošúpaných kreviet, nahrubo nasekaných
2 nadrobno nakrájané cibuľky (jarná cibuľka).
5 ml / 1 ČL kukuričnej múky (kukuričná múka)
15 ml / 1 polievková lyžica ryžového vína alebo suchého sherry
120 ml / 4 fl oz / ½ šálky kuracieho vývaru
Slaný
4 bielka
45 ml / 3 lyžice arašidového oleja (arašidový)

Fazuľové klíčky blanšírujeme vo vriacej vode 2 minúty, scedíme a uchovávame v teple. Medzitým zmiešame krevety, cibuľu, kukuričný škrob, víno alebo sherry a vývar a dochutíme soľou. Z bielkov vyšľaháme tuhý sneh a potom ich pridáme do zmesi. Olej zohrejte, kým sa nezadymí, pridajte zmes a dobre premiešajte, potom znížte oheň a pokračujte vo varení za mierneho miešania, kým zmes nie je pevná. Položte na horúci servírovací tanier a ozdobte fazuľovými klíčkami.

zeleninové suflé

pre 4 osoby

5 vajec, oddelených

3 strúhané zemiaky

1 malá cibuľa nakrájaná nadrobno

15 ml / 1 polievková lyžica nasekanej čerstvej petržlenovej vňate

5 ml / 1 lyžička sójovej omáčky

soľ a čerstvo mleté korenie

Z bielkov vyšľaháme tuhý sneh. Vaječné žĺtky vyšľaháme na bledé a husté, potom pridáme zemiaky, cibuľu, petržlenovú vňať a sójovú omáčku a dobre premiešame.

Pridajte vaječný bielok. Nalejte do vymastenej formy na suflé a pečte v predhriatej rúre pri teplote 180 °C/350 °F/plyn stupeň 4 asi 40 minút.

Egg Foo Yung

pre 4 osoby

4 vajcia, zľahka rozšľahané
Slaný
100 g / 4 oz varené kuracie mäso, nakrájané
1 nakrájanú cibuľu
2 stonky zeleru, nakrájané nadrobno
50 g / 2 oz šampiňóny, nasekané
30 ml / 2 polievkové lyžice arašidového oleja
foo yung vaječná omáčka

Zmiešame vajcia, soľ, kuracie mäso, cibuľu, zeler a šampiňóny. Zohrejte trochu oleja a nalejte štvrtinu zmesi do panvice. Varte, kým spodná strana jemne nezhnedne, potom otočte a opečte druhú stranu. Podávame s vaječným foo yung omáčkou.

Vyprážané vajíčko Foo Yung

pre 4 osoby

4 vajcia, zľahka rozšľahané

5 ml / 1 čajová lyžička soli

100 g / 4 oz údená šunka, nasekaná

100 g nasekaných húb

15 ml / 1 polievková lyžica sójovej omáčky

olej na vyprážanie

Vajcia zmiešame so soľou, šunkou, šampiňónmi a sójovou omáčkou. Zahrejte olej a do oleja opatrne kvapkajte polievkové lyžice zmesi. Varte, kým nevyplávajú na povrch a nezhnednú z oboch strán. Odstráňte z oleja a sceďte, kým varíte zvyšné palacinky.

Foo Yung krab s hubami

pre 4 osoby

6 rozšľahaných vajec
45 ml / 3 lyžice kukuričnej múky (kukuričná múka)
100 g / 4 oz krabie mäso
100 g šampiňónov nakrájaných na kocky
100 g / 4 oz mrazeného hrášku
2 nadrobno nakrájané cibuľky (jarná cibuľka).
5 ml / 1 čajová lyžička soli
45 ml / 3 lyžice arašidového oleja (arašidový)

Rozšľahajte vajcia a potom pridajte kukuričnú múku. Pridáme všetky ostatné suroviny okrem oleja. Zohrejte trochu oleja a zmes po troškách nalejte na panvicu, aby ste vytvorili malé placky široké asi 7,5 cm. Varte, kým spodná strana jemne nezhnedne, potom otočte a opečte druhú stranu. Pokračujte, kým nespotrebujete všetku zmes.

Šunka vajcia Foo Yung

pre 4 osoby

60 ml / 4 polievkové lyžice arašidového oleja
50 g / 2 oz bambusové výhonky, nakrájané na kocky
50 g / 2 oz vodných gaštanov, nakrájaných na kocky
2 nadrobno nakrájané cibuľky (jarná cibuľka).
2 stonky zeleru, nakrájané na kocky
50 g / 2 oz údená šunka, nakrájaná na kocky
15 ml / 1 polievková lyžica sójovej omáčky
2,5 ml / lyžička cukru
2,5 ml / ½ čajovej lyžičky soli
4 vajcia, zľahka rozšľahané

Polovicu oleja rozohrejeme a asi 2 minúty opekáme bambusové výhonky, vodné gaštany, jarnú cibuľku a zeler. Pridajte šunku, sójovú omáčku, cukor a soľ, vyberte z panvice a nechajte mierne vychladnúť. Zmes pridáme k rozšľahaným vajíčkam. Zohrejte časť zvyšného oleja a po troškách nalejte zmes na panvicu, aby ste vytvorili malé placky široké asi 7,5 cm. Varte, kým spodná strana jemne nezhnedne, potom otočte a opečte druhú stranu. Pokračujte, kým nespotrebujete všetku zmes.

Pečené bravčové vajce Foo Yung

pre 4 osoby

4 sušené čínske huby
60 ml / 3 polievkové lyžice arašidového oleja
100 g bravčová pečienka, strúhaná
100 g bok choy, strúhaný
50 g / 2 oz bambusové výhonky, nakrájané na plátky
50 g / 2 oz vodných gaštanov, nakrájaných na plátky
4 vajcia, zľahka rozšľahané
soľ a čerstvo mleté korenie

Huby namočíme na 30 minút do teplej vody a potom scedíme. Vyhoďte stonky a odrežte vrcholy. Zahrejte 30 ml / 2 lyžice oleja a 3 minúty opečte huby, bravčové mäso, kapustu, bambusové výhonky a vodné gaštany. Vyberte z panvice a nechajte mierne vychladnúť, potom zmiešajte s vajíčkami a dochuťte soľou a korením. Zohrejte časť zvyšného oleja a po troškách nalejte zmes na panvicu, aby ste vytvorili malé placky široké asi 7,5 cm. Varte, kým spodná strana jemne nezhnedne, potom otočte a opečte druhú stranu. Pokračujte, kým nespotrebujete všetku zmes.

Bravčové vajce a krevety Foo Yung

pre 4 osoby

45 ml / 3 lyžice arašidového oleja (arašidový)
100 g chudého bravčového mäsa, nakrájaného na plátky
1 nakrájanú cibuľu
225 g / 8 oz krevety, ošúpané, nakrájané na plátky
50 g / 2 oz bok choy, strúhaný
4 vajcia, zľahka rozšľahané
soľ a čerstvo mleté korenie

Zahrejte 30 ml / 2 lyžice oleja a opečte bravčové mäso a cibuľu do svetlohneda. Pridajte krevety a varte, kým nie sú pokryté olejom, potom pridajte kapustu, dobre premiešajte, prikryte a duste 3 minúty. Vyberte z panvice a nechajte mierne vychladnúť. Mäsovú zmes pridáme k vajíčkam a dochutíme soľou a korením. Zohrejte časť zvyšného oleja a po troškách naleje zmes na panvicu, aby ste vytvorili malé placky široké asi 7,5 cm. Varte, kým spodná strana jemne nezhnedne, potom otočte a opečte druhú stranu. Pokračujte, kým nespotrebujete všetku zmes.

biela ryža

pre 4 osoby

225 g / 8 uncí / 1 šálka dlhozrnnej ryže
15 ml / 1 polievková lyžica oleja
750 ml / 1¼ bodu / 3 šálky vody

Umyte ryžu a vložte ju do hrnca. Pridajte vodu do oleja a potom ju pridajte na panvicu tak, aby bola asi palec nad ryžou. Priveďte do varu, prikryte tesniacou pokrievkou, znížte teplotu a varte 20 minút.

varená hnedá ryža

pre 4 osoby

225 g / 8 uncí / 1 šálka dlhozrnnej hnedej ryže
5 ml / 1 čajová lyžička soli
900 ml / 1½ bodu / 3¾ šálky vody

Umyte ryžu a vložte ju do hrnca. Pridajte soľ a vodu tak, aby bola asi 3 cm nad ryžou. Priveďte do varu, prikryte tesne priliehajúcou pokrievkou, znížte teplotu a varte 30 minút, pričom dávajte pozor, aby ste nevyvarili nasucho.

Ryža s hovädzím mäsom

pre 4 osoby

225 g / 8 uncí / 1 šálka dlhozrnnej ryže
100 g / 4 oz mletého hovädzieho mäsa (mleté)
1 plátok koreňa zázvoru, jemne nasekaný
15 ml / 1 polievková lyžica sójovej omáčky
15 ml / 1 polievková lyžica ryžového vína alebo suchého sherry
5 ml / 1 čajová lyžička arašidového oleja
2,5 ml / lyžička cukru
2,5 ml / ½ čajovej lyžičky soli

Vložte ryžu do veľkého hrnca a priveďte do varu. Prikryjeme a dusíme asi 10 minút, kým sa väčšina tekutiny nevstrebe. Zmiešajte ostatné ingrediencie, položte na ryžu, prikryte a varte na miernom ohni ďalších 20 minút, kým nezmäknú. Pred podávaním ingrediencie premiešajte.

Ryža s kuracou pečeňou

pre 4 osoby

225 g / 8 uncí / 1 šálka dlhozrnnej ryže
375 ml / 13 fl oz / 1 ½ šálky kuracieho vývaru
Slaný
2 uvarené kuracie pečienky, nakrájané na tenké plátky

Vložte ryžu a vývar do veľkého hrnca a priveďte do varu. Prikryjeme a dusíme asi 10 minút, kým nie je ryža takmer uvarená. Odstráňte pokrievku a varte na miernom ohni, kým sa väčšina vývaru neabsorbuje. Dochutíme soľou, pridáme kuracie pečienky a pred podávaním jemne prehrejeme.

Ryža s kuracím mäsom a hubami

pre 4 osoby

225 g / 8 uncí / 1 šálka dlhozrnnej ryže
100 g kuracieho mäsa, strúhaného
100 g šampiňónov nakrájaných na kocky
5 ml / 1 ČL kukuričnej múky (kukuričná múka)
5 ml / 1 lyžička sójovej omáčky
5 ml / 1 lyžička ryžového vína alebo suchého sherry
štipka soli
15 ml / 1 polievková lyžica jemne nasekanej cibuľky (jarná cibuľka)
15 ml / 1 polievková lyžica ustricovej omáčky

Vložte ryžu do veľkého hrnca a priveďte do varu. Prikryjeme a dusíme asi 10 minút, kým sa väčšina tekutiny nevstrebe. Zmiešajte všetky ostatné ingrediencie okrem jarnej cibuľky a ustricovej omáčky, položte na ryžu, prikryte a varte na miernom ohni ďalších 20 minút, kým nezmäknú. Suroviny zmiešame a pred podávaním posypeme jarnou cibuľkou a ustricovou omáčkou.

kokosová ryža

pre 4 osoby

225 g / 8 oz / 1 šálka ryže s thajskou príchuťou
1 l / 1¾ bodov / 4¼ šálky kokosového mlieka
150 ml / ¼ pt / štedré ½ šálky kokosovej smotany
1 vetvička nasekaného koriandra
štipka soli

V hrnci priveďte všetky ingrediencie do varu, prikryte a za občasného miešania nechajte ryžu na miernom ohni napučať asi 25 minút.

Ryža s krabím mäsom

pre 4 osoby

225 g / 8 uncí / 1 šálka dlhozrnnej ryže

100 g / 4 oz krabie mäso, vločkované

2 plátky koreňa zázvoru, jemne nasekané

15 ml / 1 polievková lyžica sójovej omáčky

15 ml / 1 polievková lyžica ryžového vína alebo suchého sherry

5 ml / 1 čajová lyžička arašidového oleja

5 ml / 1 ČL kukuričnej múky (kukuričná múka)

soľ a čerstvo mleté korenie

Vložte ryžu do veľkého hrnca a priveďte do varu. Prikryjeme a dusíme asi 10 minút, kým sa väčšina tekutiny nevstrebe. Zmiešajte ostatné ingrediencie, položte na ryžu, prikryte a varte na miernom ohni ďalších 20 minút, kým nezmäknú. Pred podávaním ingrediencie premiešajte.

Ryža s hráškom

pre 4 osoby

225 g / 8 uncí / 1 šálka dlhozrnnej ryže
350 g/12 oz hrášok
30 ml / 2 polievkové lyžice sójovej omáčky

Vložte ryžu a vývar do veľkého hrnca a priveďte do varu. Pridáme hrášok, prikryjeme a dusíme asi 20 minút, kým nie je ryža takmer uvarená. Odstráňte pokrievku a varte na miernom ohni, kým sa väčšina tekutiny neabsorbuje. Prikryte a nechajte 5 minút odpočívať mimo tepla, potom podávajte posypané sójovou omáčkou.

Ryža s korením

pre 4 osoby

225 g / 8 uncí / 1 šálka dlhozrnnej ryže
2 nadrobno nakrájané cibuľky (jarná cibuľka).
1 červená paprika nakrájaná na kocky
45 ml / 3 lyžice sójovej omáčky
30 ml / 2 polievkové lyžice arašidového oleja
5 ml / 1 čajová lyžička cukru

Ryžu dáme do hrnca, podlejeme studenou vodou, privedieme do varu, prikryjeme a dusíme asi 20 minút do mäkka. Dobre sceďte a potom pridajte jarnú cibuľku, korenie, sójovú omáčku, olej a cukor. Preložíme do horúcej servírovacej misy a ihneď podávame.

Ryža so strateným vajíčkom

pre 4 osoby

225 g / 8 uncí / 1 šálka dlhozrnnej ryže
4 vajcia
15 ml / 1 polievková lyžica ustricovej omáčky

Ryžu dáme do hrnca, podlejeme studenou vodou, privedieme do varu, prikryjeme a dusíme asi 10 minút do mäkka. Scedíme a položíme na horúci servírovací tanier. Medzitým priveďte do varu panvicu s vodou, opatrne rozbite vajcia a varte niekoľko minút, kým bielka nestuhnú, ale vajcia budú stále vlhké. Odstráňte dierovanou lyžicou a položte na ryžu. Podávame posypané ustricovou omáčkou.

Ryža na singapurský spôsob

pre 4 osoby

225 g / 8 uncí / 1 šálka dlhozrnnej ryže
5 ml / 1 čajová lyžička soli
1,2 l / 2 body / 5 šálok vody

Umyte ryžu a vložte ju do panvice so soľou a vodou. Priveďte do varu, znížte teplotu a varte asi 15 minút, kým ryža nezmäkne. Pred podávaním sceďte v cedníku a opláchnite horúcou vodou.

Ryža pomalých lodí

pre 4 osoby

225 g / 8 uncí / 1 šálka dlhozrnnej ryže
5 ml / 1 čajová lyžička soli
15 ml / 1 polievková lyžica oleja
750 ml / 1 ¼ bodu / 3 šálky vody

Ryžu umyjeme a dáme do pekáča so soľou, olejom a vodou. Prikryjeme a pečieme v predhriatej rúre na 120°C/250°F/plyn značka ½ asi 1 hodinu, kým sa neabsorbuje všetka voda.

dusená vyprážaná ryža

pre 4 osoby

225 g / 8 uncí / 1 šálka dlhozrnnej ryže
5 ml / 1 čajová lyžička soli
450 ml / ¾ pt / 2 šálky vody

Vložte ryžu, soľ a vodu do zapekacej misky, prikryte a pečte v predhriatej rúre na 180 °C / 350 °F / plyn Mark 4 asi 30 minút.

Pečená ryža

pre 4 osoby

225 g / 8 uncí / 1 šálka dlhozrnnej ryže
750 ml / 1¼ bodu / 3 šálky vody
30 ml / 2 polievkové lyžice arašidového oleja
1 rozšľahané vajce

2 strúčiky cesnaku, mleté
štipka soli
1 cibuľa nakrájaná nadrobno
3 cibuľky (jarná cibuľka), nakrájané nadrobno
2,5 ml / ½ lyžičky čiernej melasy

Ryžu a vodu vložte do hrnca, priveďte do varu, prikryte a duste asi 20 minút, kým ryža nezmäkne. Dobre sceďte. Zahrejte 5 ml / 1 ČL oleja a vlejte vajíčko. Varte, kým nestuhne na dno, potom otočte a pokračujte vo varení, kým nebude uvarené. Odstráňte z panvice a nakrájajte na pásiky. Pridajte zvyšný olej na panvicu s cesnakom a soľou a varte, kým sa cesnak nesfarbí do zlatista. Pridajte cibuľu a ryžu a smažte 2 minúty. Pridáme jarnú cibuľku a restujeme 2 minúty. Pridajte blackstrap melasu, kým nie je ryža obalená, potom pridajte kúsky vajec a podávajte.

vyprážaná ryža s mandľami

pre 4 osoby

250 ml / 8 fl oz / 1 šálka arašidového oleja (arašidový)
50 g / 2 oz / ½ šálky strúhaných mandlí
4 rozšľahané vajcia
450 g / 1 lb / 3 šálky varenej dlhozrnnej ryže
5 ml / 1 čajová lyžička soli
3 plátky uvarenej šunky, nakrájané na pásiky

2 šalotky nakrájané nadrobno
15 ml / 1 polievková lyžica sójovej omáčky

Rozpálime olej a opražíme mandle do zlatista. Vyberieme z panvice a necháme odkvapkať na kuchynskom papieri. Z panvice vypustite väčšinu oleja, potom ho znova zohrejte a za stáleho miešania prilejte vajcia. Pridajte ryžu a soľ a varte 5 minút, dvíhajte a rýchlo miešajte, aby sa zrnká ryže obalili vajíčkom. Pridajte šunku, šalotku a sójovú omáčku a varte ďalšie 2 minúty. Vmiešame väčšinu mandlí a podávame ozdobené zvyšnými mandľami.

Vyprážaná Ryža So Slaninkou A Vajcom

pre 4 osoby

45 ml / 3 lyžice arašidového oleja (arašidový)
225 g / 8 oz slaniny, jemne nakrájanej
1 cibuľa nakrájaná nadrobno
3 rozšľahané vajcia
225 g / 8 oz varená dlhozrnná ryža

Rozpálime olej a opražíme slaninu a cibuľu do svetlohneda. Pridajte vajcia a smažte, kým nie sú takmer hotové. Pridajte ryžu a varte, kým sa ryža neprehreje.

Vyprážaná ryža s mäsom

pre 4 osoby

225 g chudého hovädzieho mäsa, nakrájaného na prúžky
15 ml / 1 polievková lyžica kukuričnej múky (kukuričná múka)
15 ml / 1 polievková lyžica sójovej omáčky
15 ml / 1 polievková lyžica ryžového vína alebo suchého sherry
5 ml / 1 čajová lyžička cukru
75 ml / 5 lyžíc arašidového oleja (arašidový)

1 nakrájanú cibuľu
450 g / 1 lb / 3 šálky varenej dlhozrnnej ryže
45 ml / 3 polievkové lyžice kuracieho vývaru

Mäso zmiešame s kukuričnou múkou, sójovou omáčkou, vínom alebo sherry a cukrom. Zahrejte polovicu oleja a opečte cibuľu, kým nebude priehľadná. Pridáme mäso a opekáme 2 minúty. Odstráňte z panvice. Zohrejeme zvyšok oleja, pridáme ryžu a opekáme 2 minúty. Pridajte vývar a zohrejte. Pridajte polovicu zmesi mäsa a cibule a miešajte, kým nie je horúca, potom preložte na horúci servírovací tanier a navrch položte zvyšné mäso a cibuľku.

Vyprážaná ryža s mletým mäsom

pre 4 osoby
30 ml / 2 polievkové lyžice arašidového oleja
1 rozdrvený strúčik cesnaku
štipka soli
30 ml / 2 polievkové lyžice sójovej omáčky
30 ml / 2 polievkové lyžice hoisin omáčky
450 g / 1 libra mletého mäsa (mleté)

1 cibuľa nakrájaná

1 mrkva na kocky

1 pór nakrájaný na kocky

450 g / 1 libra varenej dlhozrnnej ryže

Zahrejte olej a opečte cesnak a soľ do svetlohneda. Pridajte sójovú a hoisinovú omáčku a miešajte, kým sa nezahreje. Pridajte mäso a varte, kým nezhnedne a nerozpadne sa. Pridajte zeleninu a za častého miešania varte do mäkka. Pridajte ryžu a za stáleho miešania varte, až kým nebude horúca a pokrytá omáčkami.

Vyprážaná ryža s mäsom a cibuľou

pre 4 osoby

450 g chudého hovädzieho mäsa, nakrájaného na tenké plátky

45 ml / 3 lyžice sójovej omáčky

15 ml / 1 polievková lyžica ryžového vína alebo suchého sherry

soľ a čerstvo mleté korenie

15 ml / 1 polievková lyžica kukuričnej múky (kukuričná múka)

45 ml / 3 lyžice arašidového oleja (arašidový)

1 nakrájanú cibuľu

225 g / 8 oz varená dlhozrnná ryža

Mäso marinujte v sójovej omáčke, víne alebo sherry, soli, korení a kukuričnej krupici po dobu 15 minút. Rozpálime olej a opražíme cibuľu do svetlohneda. Pridajte mäso a marinádu a varte 3 minúty. Pridajte ryžu a smažte, kým nebude veľmi horúca.

kuracia vyprážaná ryža

pre 4 osoby

225 g / 8 uncí / 1 šálka dlhozrnnej ryže

750 ml / 1¼ bodu / 3 šálky vody

30 ml / 2 polievkové lyžice arašidového oleja

2 strúčiky cesnaku, mleté

štipka soli

1 cibuľa nakrájaná nadrobno

3 cibuľky (jarná cibuľka), nakrájané nadrobno

100 g vareného kuracieho mäsa, nastrúhaného

15 ml / 1 polievková lyžica sójovej omáčky

Ryžu a vodu vložte do hrnca, priveďte do varu, prikryte a duste asi 20 minút, kým ryža nezmäkne. Dobre sceďte. Rozohrejte olej a osmažte cesnak a soľ, kým cesnak nezíska svetlohnedú farbu. Pridajte cibuľu a smažte 1 minútu. Pridajte ryžu a smažte 2 minúty. Pridajte pažítku a kuracie mäso a smažte 2 minúty. Pridajte sójovú omáčku na zakrytie ryže.

Kačacia vyprážaná ryža

pre 4 osoby

4 sušené čínske huby

45 ml / 3 lyžice arašidového oleja (arašidový)

2 cibuľky (jarná cibuľka), nakrájané na plátky

225 g bok choy, strúhaný

100 g varenej kačice, nastrúhanej

45 ml / 3 lyžice sójovej omáčky

15 ml / 1 polievková lyžica ryžového vína alebo suchého sherry

350 g / 12 oz varená dlhozrnná ryža

45 ml / 3 polievkové lyžice kuracieho vývaru

Huby namočíme na 30 minút do teplej vody a potom scedíme. Vyhoďte stonky a nakrájajte vrcholy. Polovicu oleja rozohrejeme a jarnú cibuľku opražíme dosklovita. Pridajte bok choy a smažte 1 minútu. Pridajte kačicu, sójovú omáčku a víno alebo sherry a varte 3 minúty. Odstráňte z panvice. Zohrejte zvyšok oleja a opekajte ryžu, kým nie je pokrytá olejom. Pridajte vývar, priveďte do varu a varte 2 minúty. Vráťte kačaciu zmes do panvice a pred podávaním miešajte, kým sa nezahreje.

šunka vyprážaná ryža

pre 4 osoby

30 ml / 2 polievkové lyžice arašidového oleja

1 rozšľahané vajce

1 rozdrvený strúčik cesnaku

350 g / 12 oz varená dlhozrnná ryža

1 cibuľa nakrájaná nadrobno

1 zelená paprika nakrájaná nadrobno

100 g nasekanej šunky

50 g / 2 oz vodných gaštanov, nakrájaných na plátky

50 g / 2 oz bambusové výhonky, nasekané

15 ml / 1 polievková lyžica sójovej omáčky

15 ml / 1 polievková lyžica ryžového vína alebo suchého sherry

15 ml / 1 polievková lyžica ustricovej omáčky

Na panvici zohrejte trochu oleja a pridajte vajíčko, panvicu nakloňte tak, aby sa rozlialo po panvici. Varte, kým spodok jemne nezhnedne, potom otočte a opečte druhú stranu. Odstráňte z panvice a nakrájajte a smažte cesnak do svetlohneda. Pridajte ryžu, cibuľu a korenie a smažte 3 minúty. Pridajte šunku, vodné gaštany a bambusové výhonky a smažte 5 minút. Pridáme ostatné suroviny a varíme asi 4 minúty. Podávame posypané prúžkami vajíčka.

Ryža s údenou šunkou s vývarom

pre 4 osoby
30 ml / 2 polievkové lyžice arašidového oleja
3 rozšľahané vajcia
350 g / 12 oz varená dlhozrnná ryža
600 ml / 1 bod / 2 ½ šálky kuracieho vývaru
100 g údenej šunky, rozdrobenej
100 g / 4 oz bambusové výhonky, nakrájané na plátky

Zahrejte olej a potom vlejte vajcia. Keď sa začnú zrážať, pridajte ryžu a opekajte 2 minúty. Pridajte vývar a šunku a priveďte do varu. Dusíme 2 minúty, potom pridáme bambusové výhonky a podávame.

bravčová vyprážaná ryža

pre 4 osoby

45 ml / 3 lyžice arašidového oleja (arašidový)
3 cibuľky (jarná cibuľka), nakrájané nadrobno
100g/4oz bravčová pečienka, nakrájaná na kocky
350 g / 12 oz varená dlhozrnná ryža
30 ml / 2 polievkové lyžice sójovej omáčky
2,5 ml / ½ čajovej lyžičky soli
2 rozšľahané vajcia

Rozpálime olej a opražíme jarnú cibuľku dosklovita. Pridajte bravčové mäso a miešajte, kým sa nepokryje olejom. Pridajte ryžu, sójovú omáčku a soľ a smažte 3 minúty. Pridajte vajcia a premiešajte, kým nezačnú tuhnúť.

Vyprážaná ryža s bravčovým mäsom a krevetami

pre 4 osoby

45 ml / 3 lyžice arašidového oleja (arašidový)

2,5 ml / ½ čajovej lyžičky soli

2 nadrobno nakrájané cibuľky (jarná cibuľka).

350 g / 12 oz varená dlhozrnná ryža

100 g / 4 oz bravčová pečienka

225 g / 8 oz lúpaných kreviet

50 g / 2 oz čínske listy, strúhané

45 ml / 3 lyžice sójovej omáčky

Rozpálime olej a opražíme soľ a jarnú cibuľku do svetlohneda. Pridajte ryžu a opečte, aby sa zrnká rozbili. Pridajte bravčové mäso a varte 2 minúty. Pridajte krevety, čínske listy a sójovú omáčku a smažte, kým nie sú veľmi horúce.

Vyprážaná ryža s krevetami

pre 4 osoby

225 g / 8 uncí / 1 šálka dlhozrnnej ryže
750 ml / 1¼ bodu / 3 šálky vody
30 ml / 2 polievkové lyžice arašidového oleja
2 strúčiky cesnaku, mleté
štipka soli
1 cibuľa nakrájaná nadrobno
225 g / 8 oz lúpaných kreviet
5 ml / 1 lyžička sójovej omáčky

Ryžu a vodu vložte do hrnca, priveďte do varu, prikryte a duste asi 20 minút, kým ryža nezmäkne. Dobre sceďte. Rozpálime olej s cesnakom a soľou a restujeme, kým sa cesnak nesfarbí do svetlozlatista. Pridajte ryžu a cibuľu a smažte 2 minúty. Pridajte krevety a smažte 2 minúty. Pred podávaním pridajte sójovú omáčku.

vyprážaná ryža a hrášok

pre 4 osoby

30 ml / 2 polievkové lyžice arašidového oleja
2 strúčiky cesnaku, mleté
5 ml / 1 čajová lyžička soli
350 g / 12 oz varená dlhozrnná ryža
225 g / 8 oz mrazený alebo blanšírovaný hrášok, rozmrazený
4 nadrobno nakrájané cibuľky (jarná cibuľka).
30 ml / 2 polievkové lyžice jemne nasekanej čerstvej petržlenovej vňate

Zahrejte olej a opečte cesnak a soľ do svetlohneda. Pridajte ryžu a smažte 2 minúty. Pridajte hrášok, cibuľu a petržlenovú vňať a varte niekoľko minút, kým sa nezohreje. Podávajte teplé alebo studené.

Vyprážaná ryža z lososa

pre 4 osoby

30 ml / 2 polievkové lyžice arašidového oleja
2 strúčiky cesnaku nakrájané nadrobno
2 cibuľky (jarná cibuľka), nakrájané na plátky
50 g / 2 oz mletého lososa
75 g / 3 oz nakrájaného špenátu
150 g uvarenej dlhozrnnej ryže

Rozohrejte olej a opečte na ňom cesnak a jarnú cibuľku 30 sekúnd. Pridajte lososa a smažte 1 minútu. Pridajte špenát a varte 1 minútu. Pridajte ryžu a varte, kým nebude horúca a dobre premiešaná.

Špeciálna vyprážaná ryža

pre 4 osoby

60 ml / 4 polievkové lyžice arašidového oleja
1 cibuľa nakrájaná nadrobno
100 g / 4 oz slanina, nasekaná
50 g / 2 oz nasekanej šunky
50 g vareného kuracieho mäsa, nastrúhaného
50 g / 2 oz lúpaných kreviet
60 ml / 4 polievkové lyžice sójovej omáčky
30 ml / 2 polievkové lyžice ryžového vína alebo suchého sherry
soľ a čerstvo mleté korenie
15 ml / 1 polievková lyžica kukuričnej múky (kukuričná múka)
225 g / 8 oz varená dlhozrnná ryža
2 rozšľahané vajcia
100 g šampiňónov nakrájaných na plátky
50 g / 2 oz mrazeného hrášku

Rozpálime olej a opražíme na ňom cibuľu a slaninu do svetlohneda. Pridajte šunku a kuracie mäso a smažte 2 minúty. Pridajte krevety, sójovú omáčku, víno alebo sherry, soľ, korenie a kukuričnú múku a varte 2 minúty. Pridajte ryžu a smažte 2 minúty. Pridajte vajcia, huby a hrášok a varte 2 minúty, kým sa nezohreje.

Desať drahocennej ryže

Podáva sa od 6 do 8

45 ml / 3 lyžice arašidového oleja (arašidový)
1 cibuľka (jarná cibuľka), nasekaná
100 g chudého bravčového mäsa, strúhaného
1 kuracie prsia, nastrúhané
100 g šunky, rozdrvenej
30 ml / 2 polievkové lyžice sójovej omáčky
30 ml / 2 polievkové lyžice ryžového vína alebo suchého sherry
5 ml / 1 čajová lyžička soli
350 g / 12 oz varená dlhozrnná ryža
250 ml / 8 fl oz / 1 šálka kuracieho vývaru
100 g bambusových výhonkov nakrájaných na prúžky
50 g / 2 oz vodných gaštanov, nakrájaných na plátky

Zohrejeme olej a ovocie na cibuli do sklovita. Pridajte bravčové mäso a varte 2 minúty. Pridajte kuracie mäso a šunku a smažte 2 minúty. Pridajte sójovú omáčku, sherry a soľ. Pridajte ryžu a vývar a priveďte do varu. Pridáme bambusové výhonky a vodné gaštany, prikryjeme a dusíme 30 minút.

Ryža s vyprážaným tuniakom

pre 4 osoby

30 ml / 2 polievkové lyžice arašidového oleja
2 nakrájané cibule
1 zelená paprika nakrájaná nadrobno
450 g / 1 lb / 3 šálky varenej dlhozrnnej ryže
Slaný
3 rozšľahané vajcia
300 g / 12 oz konzervovaný tuniak, vločkovaný
30 ml / 2 polievkové lyžice sójovej omáčky
2 šalotky nakrájané nadrobno

Rozpálime olej a opražíme cibuľu do mäkka. Pridajte papriku a smažte 1 minútu. Zatlačte na jednu stranu panvice. Pridajte ryžu, posypte soľou a varte 2 minúty, postupne primiešajte papriku a cibuľu. V strede ryže urobte jamku, pridajte trochu oleja a nalejte vajcia. Miešame, kým sa skoro nerozmieša a vmiešame do ryže. Varte ďalšie 3 minúty. Pridajte tuniaka a sójovú omáčku a dobre zohrejte. Podávame posypané nasekanou šalotkou.

Varené vaječné rezance

pre 4 osoby
10 ml / 2 čajové lyžičky soli
450 g / 1 libra vaječných rezancov

30 ml / 2 polievkové lyžice arašidového oleja

Hrniec s vodou privedieme do varu, pridáme soľ a pridáme rezance. Priveďte do varu a varte asi 10 minút, kým nebude mäkká, ale stále pevná. Dobre sceďte, prepláchnite studenou vodou, sceďte a potom opláchnite horúcou vodou. Pred podávaním pokvapkáme olejom.

dusené vaječné rezance

pre 4 osoby

10 ml / 2 čajové lyžičky soli
450 g / 1 libra tenkých vaječných rezancov

Hrniec s vodou privedieme do varu, pridáme soľ a pridáme rezance. Dobre premiešajte a potom sceďte. Rezance vložíme do cedníka, vložíme do parného hrnca a dusíme nad vriacou vodou asi 20 minút, kým nezmäknú.

Pečené rezance

Na 8 porcií

10 ml / 2 čajové lyžičky soli
450 g / 1 libra vaječných rezancov
30 ml / 2 polievkové lyžice arašidového oleja
praženica

Hrniec s vodou privedieme do varu, pridáme soľ a pridáme rezance. Priveďte do varu a varte asi 10 minút, kým nebude mäkká, ale stále pevná. Dobre sceďte, prepláchnite studenou vodou, sceďte a potom opláchnite horúcou vodou. Premiešame s olejom, jemne premiešame so zmesou na restovanie a jemne zahrejeme, aby sa chute prepojili.

Smažené rezance

pre 4 osoby

225 g / 8 oz tenkých vaječných rezancov

Slaný

olej na vyprážanie

Rezance uvaríme vo vriacej osolenej vode podľa návodu na obale. Dobre sceďte. Na plech položte niekoľko vrstiev kuchynského papiera, rozložte rezance a nechajte ich niekoľko hodín sušiť. Zohrejte olej a rezance opekajte po lyžiciach asi 30 sekúnd do zlatista. Scedíme na kuchynskom papieri.

Vyprážané mäkké rezance

pre 4 osoby

350 g / 12 oz vaječných rezancov
75 ml / 5 lyžíc arašidového oleja (arašidový)
Slaný

Hrniec s vodou privedieme do varu, pridáme rezance a varíme, kým rezance nezmäknú. Scedíme a prepláchneme studenou vodou, potom horúcou vodou a opäť scedíme. Pridáme 15 ml/1 polievkovú lyžicu oleja a necháme vychladnúť v chladničke. Zohrievajte zvyšný olej, kým sa z neho takmer nedymí. Pridajte rezance a jemne premiešajte, kým sa nepotiahnu olejom. Znížte teplotu a pokračujte v miešaní niekoľko minút, kým nie sú rezance zvonku zlatohnedé, ale zvnútra mäkké.

Dusené rezance

pre 4 osoby

450 g / 1 libra vaječných rezancov
5 ml / 1 čajová lyžička soli
30 ml / 2 polievkové lyžice arašidového oleja
3 cibuľky (jarné cibuľky), nakrájané na prúžky
1 rozdrvený strúčik cesnaku
2 plátky koreňa zázvoru, jemne nasekané
100 g chudého bravčového mäsa, nakrájaného na prúžky
100 g šunky, nakrájanej na prúžky
100 g ošúpaných kreviet
450 ml / ¬æpt / 2 šálky kuracieho vývaru
30 ml / 2 polievkové lyžice sójovej omáčky

Hrniec s vodou privedieme do varu, pridáme soľ a pridáme rezance. Privedieme do varu a varíme asi 5 minút, scedíme a prepláchneme studenou vodou.

Medzitým rozohrejeme olej a orestujeme na ňom jarnú cibuľku, cesnak a zázvor, kým jemne nezhnednú. Pridajte bravčové mäso a varte do svetlej farby. Pridajte šunku a krevety a pridajte vývar, sójovú omáčku a rezance. Privedieme do varu, prikryjeme a dusíme 10 minút.

studené rezance

pre 4 osoby

450 g / 1 libra vaječných rezancov

5 ml / 1 čajová lyžička soli

15 ml / 1 polievková lyžica arašidového oleja

225 g fazuľových klíčkov

225 g / 8 oz bravčová pečienka, strúhaná

1 uhorka nakrájaná na pásiky

12 reďkoviek, nakrájaných na prúžky

Hrniec s vodou privedieme do varu, pridáme soľ a pridáme rezance. Priveďte do varu a varte asi 10 minút, kým nebude mäkká, ale stále pevná. Dobre sceďte, prepláchnite studenou vodou a znova sceďte. Pokvapkáme olejom a položíme na servírovací tanier. Okolo rezancov poukladajte zvyšné ingrediencie na malé tanieriky. Hostia podávajú výber surovín v malých miskách.

košíky na rezance

pre 4 osoby

225 g / 8 oz tenkých vaječných rezancov

Slaný

olej na vyprážanie

Rezance uvaríme vo vriacej osolenej vode podľa návodu na obale. Dobre sceďte. Na plech položte niekoľko vrstiev kuchynského papiera, rozložte rezance a nechajte ich niekoľko hodín sušiť. Vnútro stredného sitka potrieme trochou oleja. Do cedníka rozložte rovnomernú vrstvu rezancov s hrúbkou asi 1 cm. Menšie sitko z vonkajšej strany potrieme olejom a zľahka vtlačíme do väčšieho. Zohrejte olej, vložte do neho dve sitá a smažte asi 1 minútu, kým rezance nie sú zlatohnedé. Opatrne vyberte sitá a v prípade potreby prejdite nožom po okrajoch rezancov, aby sa uvoľnili.

rezancová palacinka

pre 4 osoby

225 g / 8 uncí vaječných rezancov
5 ml / 1 čajová lyžička soli
75 ml / 5 lyžíc arašidového oleja (arašidový)

Hrniec s vodou privedieme do varu, pridáme soľ a pridáme rezance. Priveďte do varu a varte asi 10 minút, kým nebude mäkká, ale stále pevná. Dobre sceďte, prepláchnite studenou vodou, sceďte a potom opláchnite horúcou vodou. Zmiešajte s 15 ml / 1 polievkovou lyžicou oleja. Zohrejte zvyšný olej. Pridajte rezance na panvicu, aby ste vytvorili hustú palacinku. Vyprážajte, kým zospodu jemne nezhnedne, potom otočte a varte, kým jemne nezhnedne, ale v strede nezmäkne.

www.ingramcontent.com/pod-product-compliance
Lightning Source LLC
Chambersburg PA
CBHW070425120526
44590CB00014B/1532